New York

Sebastian Moll

De 15 hoogtepunten in een oogopslag

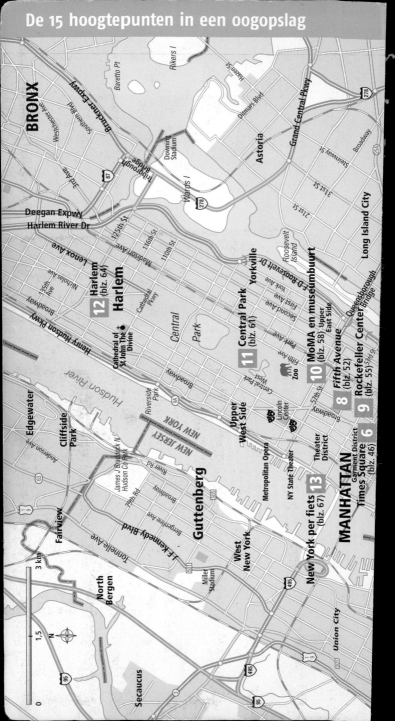

QUEENS

Woodside

51st Ave

25

Queens Blvd

Sunnyside

495

Maspeth

LI Expwy

49th Ave

Northern Blvd

Jackson Ave

23

Greenpoint

495

Queens Midtown Tunnel

East River

Newtown

Grand St

Williamsburg

Grand St

Marcy Ave

Bedford Ave

Kent Ave

Brooklyn-Queens Expwy

Myrtle Ave

Bushwick Ave

Bushwick

Broadway

Lafayette Ave

7 New York ondergronds (blz. 49)

34th St

First Ave

Stuyvesant Town

East Village

Delancey St

3 East Village en Lower East Side (blz. 35)

Lower East Side

Williamsburg Bridge

Elevated Hwy

278

East River Park

Pennsylvania Station

23rd St

21st St

Ave of the Americas

5th Ave

14th St

9th St

Park Ave

Chelsea

9th Ave

5 Meatpacking District en High Line (blz. 43)

Greenwich Village

4 Greenwich Village (blz. 39)

Soho

Houston St

Broadway

Broome St

Canal St

TriBeCa

West St

Holland Tunnel

2 Ground Zero en Wall Street (blz. 32)

Castle Clinton

Ellis Island Nat'l Mon.

Brooklyn Battery Tunnel

Brooklyn-Queens Expwy

Fulton St

14 Brooklyn (blz. 71)

BROOKLYN

15 Coney Island (blz. 73)

Hoboken

Railroad Ave

Summit Ave

Palisade Ave

Willow Ave

Washington St

Jersey City

78

Newark Ave

1 Vrijheidsbeeld en Ellis Island (blz. 30)

Ellis Island Museum of Immigration

Liberty State Park

Fort Jay

Governors Island

Buttermilk Channel

Upper Bay

Liberty I.

Welkom

De 15 hoogtepunten

Te gast in New York

▶ ■ ■ ■ ■ ■ ■ Deze symbolen verwijzen naar de grote stadsplattegrond

Welcome – Welkom

Op geen enkele andere plek voel ik me zó in New York, zó deel uit-
maken van de stad, als in de subway. In die ondergrondse zie je het
wezen van de stad. Zes miljoen reizigers per dag – ze stammen uit
alle hoeken van de wereld, ze hebben alle verschillende huidskleuren. Elk van hen heeft zijn eigen dromen, zijn eigen zorgen. Wall
Streetbankier, student, zwerver, Mexicaanse schoonmaakster: de
subway brengt ze bij elkaar, maakt ze voor dat korte deeltje van
hun dag gelijk. De uiteenlopendste levens gaan even gelijk op,
vaak mengen ze zelfs een moment. Een vluchtige blik, een glim-
lach, een paar korte woorden. Daarna gaat ieder zijns weegs, ieder
verdwijnt weer in de massa van de miljoenen-moloch.

New York is Manhattan

New Yorks belangrijkste kenmerk is misschien wel zijn enorme dichtheid: op geen andere plek in de wereld is op zo'n kleine ruimte zo veel aan de hand. Voor bezoekers is dat een groot voordeel: alles in New York is snel en gemakkelijk bereikbaar. Lopend, met de subway, met de betaalbare gele taxi en sinds kort ook met de fiets (zie blz. 67) komt men in no time van A naar B.

Als men van New York spreekt wordt in het algemeen bedoeld het eiland Manhattan, ten zuiden van 110th Street – een rechthoek van niet meer dan 10 bij 3 km. De stadsplattegrond maakt het de bezoeker gemakkelijk zich te oriënteren: de straten in oost-west-richting, die 'Street' heten, zijn vanuit het zuiden genummerd. De 'nul-straat' is Houston Street (spreek uit 'hauwsten') – alleen ten zuiden daarvan lijkt de plattegrond Europees: willekeurige straatnamen en geen schaakbordpatroon. De New Yorkse straten in noordzuid-richting heten 'Avenue' en worden vanuit het oosten geteld, oplopend richting Hudson River. Scheidslijn tussen Oost en West is Fifth Avenue – het stadsdeel ten oosten daarvan noemt de New Yorker East Side, westelijk is het West Side. De enige uitzondering op het rechthoekige raster is Broadway, de straat die een prekoloniaal pad volgt waarover de Wappani-indianen van hun dorp naar de jachtvelden gingen.

Natuurlijk zijn er historische bezienswaardigheden. De charme van de stad ligt echter niet in het achter elkaar bezoeken van 'oude' gebouwen. Wie New York echt wil meemaken zal veel meer proberen de sfeer van de verschillende wijken te proeven.

Midtown

Onder 'Midtown' verstaat de New Yorker vooral het gebied tussen 34th en 59th Street, de zuidrand van Central Park. Midtown is het economisch centrum van New York. Hier staan de kantoortorens die hun stempel drukken op de skyline van de stad, hier vibreert overdag het hectische leven dat de stad zijn uitzonderlijke energie verschaft.

Geografisch centrum van Midtown is **Times Square** (▶ D 4/5) op de kruising van Broadway en Seventh Avenue. Times Square met zijn spetterende neongevels is het centrale verkeerknooppunt van de stad; veel subwaylijnen komen hier samen. Wie van hier oostwaarts gaat komt al snel op Fifth Avenue, de duurste winkelstraat van de wereld (zie blz. 52).

Aan de andere kant, ten westen van Seventh Avenue, sluit ten zuiden van Midtown het historische **Garment District** (▶ C/D 5) aan, met zijn stoffenwinkels en oude kleermakerijen. Weer verder zuidelijk bevindt zich **Chelsea** (▶ B/C 6), een mooie woonwijk met een grote homopopulatie. In de pakhuizen in het westen van Chelsea is de New Yorkse kunst- en galeriewereld ingetrokken (zie blz. 43).

Zuidelijk van Chelsea, tegen de Hudson, ligt het **Meatpacking District** (▶ B 7); in de voormalige slachthuizen zitten nu chique boetieks, restaurants en nachtclubs.

Downtown

De grens tussen Midtown en wat de New Yorkers Downtown noemen wordt gevormd door 14th Street. In het westen, westelijk van Sixth Avenue (Avenue of the Americas), ligt hier **Greenwich**

Village (▶ C/D 7-9), een charmante oudere woonwijk met rustige straatjes, cafés en restaurants. In het oosten, ten oosten van Broadway, sluit het iets hippere, jongere **East Village** (▶ D/E 9) aan.

'Onder' Houston Street liggen in het westen **SoHo** (▶ B/C 9) en **TribeCa** (▶ A/B 9/10), afkortingen van respectievelijk *South of Houston Street* en *Triangle below Canal Street*. De voormalige rederijen- en pakhuizenbuurt telt nu chique winkels en luxe woonhuizen. Richting East River kom je eerst door **Little Italy** (▶ C 9/10) en zuidelijk daarvan **Chinatown** (▶ C 10), voordat je in de **Lower East Side** (▶ C/D 10) terechtkomt, een buurt waar vroeger joodse immigranten woonden en die nu uitgaans- en vertierwijk is.

De zuidelijke punt van Manhattan bestaat uit het **Financial District** (▶ A/B 11/12) met Wall Street en de beurs en natuurlijk de bouwput van het voormalige World Trade Center. Het raadhuis dat u hier vindt, de oude skyline met de klassieke wolkenkrabbers uit de vroege 20e eeuw en het Woolworth Building vormen de sporen van het oude Manhattan. In het westelijke deel van

deze buurt ligt aan de Hudson de oude zeehaven van New York.

Uptown

In het noorden strekt zich langs de oostkant van Central Park de **Upper East Side** (▶ F/G 2/3) uit – de meest exclusieve woonwijk van New York. Langs Fifth Avenue liggen de belangrijkste musea (zie blz. 58) en de ambassadebuurt en langs Park Avenue staan de duurste en fraaiste appartementsgebouwen van de stad. **Upper West Side** (▶ D/E 1/2), aan de andere kant van Central Park, is een levendige 'neighborhood' met kroegen, restaurants en winkels en ook het Lincoln Center – het grootste New Yorkse podium voor opera, klassieke muziek en ballet.

Ten noorden van 110th Street ligt de zwarte wijk **Harlem** (▶ kaart 3), het Afro-Amerikaanse stadsdeel. Tot een jaar of vijftien geleden werd het vervallen Harlem vanwege de slechte leefomstandigheden en de criminaliteit door toeristen meestal gemeden. Sinds de laatste jaren van de vorige eeuw kent de wijk een behoorlijke opleving – reden waarom aan de buurt een apart hoofdstukje is gewijd (zie blz. 64).

Wie over de High Line in het Meatpacking District wandelt, zweeft over de daken van de stad

Snel, sneller, New York

Het eerste wat een bezoeker aan New York opvalt is het tempo van de stad. New York heeft een eigen ritme, een eigen beat. Het is als pittige uptempo-jazzmuziek.

Er lijkt in New York geen stilstand te bestaan. Alles wordt in looppas afgehandeld, voor bezinning is geen tijd. Dat kan betoverend en opwindend zijn maar ook overweldigend. New York is als een golf waar je op kunt surfen. Als je die te pakken hebt en zijn energie in je opzuigt, onderga je een onwaarschijnlijk lekker gevoel. Als je er niet op zit word je er gemakkelijk door overspoeld.

De snelle hartslag ontstaat door de alomaanwezige ambitie van de stad en zijn burgers. Naar New York trekken mensen die niet snel tevreden zijn, die meer willen. Of het nu uit de Midwest van de VS is of uit het oosten van Azië, New York trekt mensen aan die een uitdaging zoeken, die gedreven zijn.

New York – stad die alle perken te buiten gaat

Dat is altijd zo geweest – al toen Henry Hudson in 1609 aan de monding van de rivier, die later naar hem werd genoemd, een handelspost vestigde voor zijn Hollandse opdrachtgever de VOC, de Vereenigde Oostindische Compagnie. De kolonie, spoedig Nieuw-Amsterdam genoemd, trok gelukszoekers uit de hele wereld. Mensen die bereid waren alles achter zich te laten en grote risico's te nemen in de verwachting de schatten van een nieuw continent te kunnen oogsten.

En New York maakte deze verwachting vaak genoeg waar. In de 18e en de 19e eeuw maakten moedige ondernemers als de Astors, de Vanderbilts en later de Rockefellers hier enorme vermogens. Met hen werd recht gedaan aan de ambities van de stad. New York werd het eerste belangrijke handelscentrum van de USA en daarna de grootste zeehaven van de Nieuwe Wereld. En in de 20e eeuw groeide de stad uit tot de belangrijkste metropool van de hele wereld – hét centrum van handel en financiën zowel als van cultuur en media in de moderne tijd.

De skyline van New York kan als een symbool worden gezien van de stad die het woord bescheidenheid niet kent. New York heeft nooit beperkingen gekend, buitensporigheid is een handelsmerk. Het markantste gebouw van de stad, het Empire State Building, werd begin jaren '30 in slechts 410 dagen opgetrokken. Het expliciete doel was de concurrent, het Chrysler Building, te overtroeven. Beide art-decotorens vormen vandaag nog de hoekstenen van het silhouet – ze zijn de steengeworden wil van de stad de sterren van de hemel te willen plukken.

Stad in crisis

Het feit dat de hoogste gebouwen van de New Yorkse skyline, de Twin Towers, er sinds de aanslagen van 11 september 2001 niet meer staan, is natuurlijk ook niet vrij van een zekere symboliek. Net als het feit dat de nieuwbouw op Ground Zero niet echt vlot verloopt vanwege eindeloze twisten over uitvoering en financiering. Was New York het toonbeeld van de 20e-eeuwse metropool, de gouden stad van de moderne tijd, in de 21e eeuw is ze toch in een identiteitscrisis geraakt.

11 September is daar maar in beperkte mate de reden van. De meeste New Yorkers hebben 9/11 al lang verdrongen daar de gebeurtenis zo gretig is uitgebuit – door de media, door politici – dat degenen die de aanslag hebben meegemaakt liever niet meer daarover worden aangesproken. De herinnering aan die traumatische dag wordt bij voorkeur in de eigen omgeving in stand gehouden. Uiterlijk ging men in New York zeer snel weer over tot de orde van de dag. De nieuwbouw op Ground Zero is in hoofdzaak een ergernis en men vraagt zich af wat de toeristen daarin aantrekt; er valt namelijk niet veel te zien.

Veel meer dan de 11e september heeft de economische crisis sinds 2008 het New Yorkse zelfbewustzijn een knauw toegebracht. Tot aan die crash beleefde New York een gouden periode. Wall Street was *booming* en daarmee de hele stad. Het geld lag bij wijze van spreken op straat voor diegenen die bereid waren hard te werken; en New Yorkers zijn dat altijd.

Overal schoten nieuwe wolkenkrabbers de lucht in – het chique nieuwe gebouw van de New York Times aan 42nd Street, de extravagante toren van tijdschriftenuitgever Hearst aan 57th Street. Aan de vraag naar luxewoningen kon amper worden voldaan – projectontwikkelaars lieten op talloze plekken *luxury condos* bouwen ontworpen door vooraanstaande architecten, zoals de drielingtorens van Richard Meier aan de Hudson. Het aanbod aan drie- en viersterrenrestaurants werd eindeloos uitgebreid – een zakenlunch voor $ 500 bij een topkok was heel gewoon.

Ook de New Yorkse kunstwereld profiteerde immens van deze hoogtijdagen. In 2004 heropende het Museum of Modern Art zijn spectaculair en controversieel vernieuwde gebouw na een renovatie van 858 miljoen dollar. In de kunstwijk Chelsea floreerden bijna vierhonderd galerieën, want aan de vraag naar kunst was nauwelijks te voldoen. Bij de lenteveilingen van de grote huizen Christie's en Sotheby's werden elk jaar recordomzetten geboekt. Het Lincoln Center, de grootste zaal voor klassieke muziek en ballet, bouwde een nieuwe concertzaal op Broadway voor $ 900 miljoen.

Een kans om te vernieuwen

Maar sinds september 2008 heeft de stad een kater. De spreekwoordelijke New Yorkse ambitie lijkt op zijn grenzen te zijn gestuit. Het werkloosheidscijfer is constant hoog, huren en grondprijzen duikelen steeds verder omlaag omdat niemand meer geld heeft. De stad is bankroet omdat belastinginkomsten uitblijven en het einde van de crisis is niet in zicht. Leraren en politiemensen worden ontslagen, bibliotheken en zwembaden gesloten.

Velen in New York geloven intussen dat de baisse de stad niet eens slecht doet, dat die een kans op bezinning biedt. Deze stemmen zeggen dat de groei van de voorgaande 15 jaar New York te zeer een stad van financiers en rijken heeft gemaakt. De verscheidenheid en de vitaliteit van New York zijn daarbij een beetje het slachtoffer geworden. De groepen met midden- en lage inkomens namen steeds verder af en daarmee ook de etnische verscheidenheid en de variatie aan levensstijlen. De alternatievelingen, de kunstenaars en de frivolen zijn op de achtergrond gekomen. Manhatten raakte steeds meer gedomineerd door het brave kantoorvolk. Vele charmante en extravagante zaakjes maakten plaats voor ketenwinkels. Men spreekt wel van de 'suburbanisatie van New York'.

Bij al dit geklaag wenste natuurlijk niemand dat de criminaliteit weer terugkomt. Tot begin jaren '90 was New York namelijk nog een gevaarlijke stad. Een overval of een inbraak hoorde er praktisch bij als je hier woonde. Sinds burgemeester Rudy Giuliani in de jaren '90 rigoureus de straten heeft schoongeveegd, hoort New York tot de veiligste steden van de VS.

De veiligste grote stad van de VS

Tegenwoordig kun je je in Manhattan 24 uur per dag zonder bedenkingen door de stad bewegen, de subway incluis. Voor het toeristisch ontsloten deel van Brooklyn, tegen Manhattan aan (zie blz. 71), geldt hetzelfde. Zelfs in Harlem hoef je niet meer voor je portemonnee of je leven te vrezen, al kunnen de duistere *public housing projects* beter worden gemeden. 125th Street is nu ook 's avonds zo veilig als Times Square. En in Central Park, waar je vroeger na zonsondergang beter niet kon komen, wordt nu tot middernacht hardgelopen.

De prijs van de veiligheid, daar hebben de tegenstanders van de *gentrification* (opwaardering van een buurt, gepaard gaand met een stijging van huizenprijzen) ongetwijfeld een punt, is dat New York wat minder wild, anarchistisch en chaotisch is geworden – wat minder New Yorks dus. Het New York van de film, zoals Martin Scorsese's Taxi Driver, French Connection of The Warriors, het New York dat eind jaren '70 door een Duitse correspondent een 'wunderbare Katastrophe' werd genoemd, bestaat niet meer. Buurten als East Village, waar een mengeling van het arbeidersmilieu uit verschillende groepen immigranten en een subcultuur was ontstaan, zijn tegenwoordig gesaneerd en duur; ze worden bewoond door een verregaand homogene, goedverdienende, meest witte middenlaag. De creatieve energie die destijds kunstenaars als Jean Michel Basquiat of Keith Haring, muzikanten als Madonna en Lou Reed en dichters als Allen Ginsburg of Jack Kerouac inspireerde, is niet meer te vinden.

Het bohémiencircuit heeft zich zo veel mogelijk verplaatst naar Brooklyn, naar nieuwe scenes als in Williamsburg of Cobble Hill. Daar vind je ze nog, de kunstenaarscollectieven, de muziekclubs, de cafés en de kroegjes. Maar de tijd van de grote nieuwe ideeën, de intellectuele veranderingszin van de jaren '70 en '80 is voorbij, de sfeer van opwindende spanning die je twintig, dertig jaar geleden zo trof als je voor het eerst in New York kwam.

De kracht van impressies

Saai is New York echter daardoor niet geworden, verre van. Alle saneringen en oppoetsbeurten ten spijt is New York nog altijd New York. Wie Broadway afloopt wordt nog altijd binnen tien minuten aan meer indrukken en prikkels blootgesteld dan waar ook ter wereld: hier de Arabische straathandelaar die hotdogs met *sauerkraut* verkoopt, daar de orthodoxe jood die met zijn collega op de hoek staat en de zaken bespreekt; net nog de schandalig dure Prada-winkel en nu hier een Chinese apotheek waaruit de geur van mysterieuze gedroogde kruiden en wortels opstijgt; daar een speelpleintje waar zwarte jongens onwaarschijnlijk goed aan het basketballen zijn en hier een fietskoerier die zich met een snelheid van 30 km per uur kamikazegewijs door het luid claxonnerende verkeer slingert. Degene bij wie de kracht van deze indrukken niet tot een bepaalde staat van euforie leidt, heeft zonder twijfel de verkeerde reisbestemming gekozen.

Ook al heeft de gentrificatie de laatste jaren tot een zekere uniformiteit geleid – New York wordt nog altijd gekenmerkt door het intensieve samen-

Klassiek New York – zicht vanaf de Brooklyn Bridge op de skyline van Manhattan

zijn van mensen met de meest uiteenlopende afkomst en levenswijzen, een concentratie die je verder nergens vindt: in de straten van New York zie je gezichten van de hele wereld.

Smeltkroes van culturen

New York heeft zich altijd al onderscheiden met het feit dat het een ieder met open armen ontvangt, een ieder die het aandurft hier zijn geluk te gaan beproeven. Nieuw-Amsterdam was al een kosmopolitische mengeling van Hollandse en Vlaamse hugenoten, Afrikaanse slaven, Engelse en Franse kolonisten en joden die uit Zuid-Amerika waren gevlucht. Niemand werd buitengesloten zolang hij kon bijdragen aan de groei van de handelspost. 'New Yorkers', zegt stadshistoricus James Sanders, 'zijn het vanaf het begin met elkaar eens geweest dat je geen vriendschap hoeft te sluiten met vreemden om met elkaar te kunnen samenleven. De New Yorker houdt zich voor: als ik met deze persoon zaken kan doen dan kan ik ook met hem overweg.'

Deze openheid bepaalt tot op de dag van vandaag het wezen van de stad. De immigrantenwijken liggen dan misschien niet meer op Manhattan maar ze zijn er nog wel. De orthodoxe joden houden in Brooklyn evenzogoed hun tradities in stand als de Senegalezen in Harlem, de Colombianen in Jackson Heights, de Grieken in Astoria, de Kantonezen in Flushing, de Dominicanen in Washington Heights en de Russen in Brighton Beach.

Het zou zeker een wenselijk bijeffect van de crisis zijn als deze veelkleurigheid ook weer op Manhattan voet aan de grond zou krijgen, als de immigranten- en kunstenaarsbuurten uit hun verbanningsoorden in de buitengebieden zouden terugkeren. De terugtocht naar Manhattan heeft echter nog geen aanvang genomen. Een ander positief gevolg van de crisis is gelukkig al wel te bespeuren: de ongebreideld ambitieuze New Yorkers, die moesten erkennen dat ze aan hun limieten waren gekomen, hebben het fenomeen duurzaamheid ontdekt.

Milieu

New York zou natuurlijk New York niet zijn als ook de grote ecologische omschakeling van de stad niet met stijl en poeha zou worden aangepakt. Burgemeester Bloomberg heeft een ambitieus plan voorgelegd; daarmee wil hij bereiken dat New York in 2010 de groenste stad van de VS is en dat de uitstoot van CO_2 met 30 % is verminderd.

De eerste stappen daartoe zijn al gezet. Bloomberg heeft honderden kilometers fietspad laten aanleggen en verdere bouwmaatregelen genomen om het fietsen in New York veilig en comfortabel te maken. Nu al gaan enkele honderdduizenden New Yorkse burgers met de fiets naar het werk.

Bovendien heeft de burgemeester de bouwvoorschriften met betrekking tot spaarzaam energieverbruik drastisch aangescherpt en belastingverlaging mogelijk gemaakt voor het milieutechnisch verbeteren van de bestaande wolkenkrabbers in de stad. De stad geeft miljoenen dollars uit om braakliggende terreinen van groen te voorzien en om nieuwe parken aan te leggen. Er is een uiterst efficiënt recyclingsprogramma opgezet en de aanschaf van plastic tassen wordt extra belast. De taxivloot bestaat nu al voor 30% uit hybride auto's en rondom Times Square is een verkeersarme zone gemaakt met als doel het autoverkeer in de binnenstad te verminderen. Een plan voor een spitsheffing van $ 8 voor Midtown Manhattan heeft het voorlopig nog niet gehaald.

Daarnaast heeft zakenman Bloomberg – vóór zijn politieke carrierre was hij directeur van een mediaconcern – zijn 'groene agenda' zo ingericht dat die de economie stimuleert en daarmee de crisis tegengas geeft. Bloombergs 'PlaNYC' moet langdurig nieuwe arbeidsplaatsen opleveren en de milieutechnologie in de stad verankeren.

Per hoofd van de bevolking is New York nu al de ecohoofdstad van de VS: met een CO_2-uitstoot van 7,1 ton per jaar ligt de stad ver onder het landelijk gemiddelde van 24,5. Bijna geen enkele New Yorker bezit een privéauto, dagelijks gebruiken 6 miljoen mensen de subway. Daarnaast zijn kantoorgebouwen in wolkenkrabbers beduidend efficiënter dan laagbouw.

Feiten en cijfers

De stad New York ligt aan de oostkust van de Verenigde Staten, ongeveer 600 km ten zuiden van de Canadese grens aan de monding van de Hudson River. **Staat en bestuur:** New York City, buiten de VS New York genoemd, ligt in de staat New York, waarvan Albany de hoofdstad is. New York City telt vijf stadsdelen: Manhattan, Brooklyn, Staten Island, Queens en The Bronx. Alleen de Bronx ligt op het vasteland. New York City is zetel van de Verenigde Naties. **Bevolking:** in het stadsgebied van NYC wonen ongeveer 8,4 miljoen mensen. Het is de dichtstbevolkte stad van de VS (gemiddeld 10.200 inw./km², op Manhattan 25.800 inw./km²). 35 % van de New Yorkers heeft wortels in (niet-Spaanstalig) Europa, 27,5 % is Spaanstalig (grotendeels uit Latijns-Amerika), 25 % is Afro-Amerikaan en 11 % is van Aziatische afkomst. 0,4 % is autochtoon, de *native Americans*. **Tijdzone:** Eastern Standard Time (EST), men 'loopt 6 uur achter' op Nederland en België; als het in Den Haag 15 uur is dan is het in New York 09 uur 's morgens. **'Melting pot':** New York is de multicultureelste stad van de VS. Er worden 170 verschillende talen gesproken (alleen Amsterdam kent meer nationaliteiten).

Central Park – het groene hart van Manhattan

Het wapen van de stad

Het stadswapen van New York stamt uit het jaar 1686, kort nadat de stad van Hollands in Engels bezit was overgegaan.

Het opschrift luidt 'Sigillum Civitatis Novi Eboraci', wat zoveel betkent als 'Zegel van de stad New York'. 'Eboracus' is de Latijnse naam van York, de zetel van de hertog van York.

Links staat een Britse kolonist met de naam Dexter, de figuur aan de rechterkant is een oorspronkelijke inwoner van de Lenape-stam, die men de naam Sinister heeft gegeven. De twee moeten de eendracht van kolonisten en oerbewoners symboliseren. Dexter houdt een dieplood in de hand, boven zijn schouder is een jakobsstaf te zien – beide instrumenten van de zeevaart. De 'indiaan' draagt een boog aan zijn arm.

Op het eigenlijke wapen zijn de wieken van een molen te zien – een herinnering aan de Hollanders die vóór de Engelsen hier een kolonie stichtten. De bevers en de meelvaten symboliseren de twee belangrijkste bronnen van inkomsten – de pelshandel en de meelexport.

Bovenin het wapen is de Amerikaanse adelaar te zien. Die werd pas in 1784, na de Amerikaanse Onafhankelijkheidsoorlog, aan het wapen toegevoegd; daarvoor stond op die plek de Engelse kroon. Het jaartal onderin het beeld, 1625, moet iets te maken hebben met de stichting van de nederzetting. De precieze betekenis van het jaartal is echter omstreden. De eerste Hollandse kolonisten kwamen hier in 1624 aan en bij de officiële stichting van de stad Nieuw-Amsterdam hoort het jaartal 1653. Waarom 1625 is gekozen is niet duidelijk.

Het stadswapen van New York

Ontdekkingsreizigers

De Italiaanse ontdekkinsreiziger Giovanni da Verrazano toonde niet veel interesse in deze plek toen hij hier in 1524 als eerste Europeaan voor anker ging. Verrazano was op zoek naar de mythische Noordwestpassage die naar India kon leiden. In plaats daarvan stuitte hij op beboste eilanden (Staten Island en Manhattan) aan de monding van de latere Hudson die bewoond werden door de Lenape-'indianen'. Verrazano had snel in de gaten dat hij hier niet goed zat en vertrok weer.

Als de eigenlijke ontdekker van New York geldt daarom Henry Hudson, de Engelse zeevaarder die hier in 1609 voet aan wal zette. Hudson zeilde de later naar hem genoemde rivier op en berichtte zijn Hollandse financiers – hij voer in opdracht van de Amsterdamse Kamer van de VOC – enthousiast over de mogelijkheden van deze plek als handelspost. Op grond van zijn verslagen werd uiteindelijk in 1624, na de oprichting van de West-Indische Compagnie, de Hollandse kolonie Nieuw-Amsterdam gesticht.

Bloeiende nederzetting

De Hollandse handelspost floreerde. Gouverneur Peter Stuyvesant stichtte vrede met de inheemse bevolking en zette een handel op in meel en bont, vooral beverhuiden, met Europa. Toen in 1664 vier Engelse fregatten de baai binnenvoeren en de post opeisten werd er door de onvoorbereide kolonie geen schot gelost. Als compensatie kreeg Nederland enkele tropische eilanden en Suriname.

In de 18e-eeuwse Amerikaanse Onafhankelijkheidsoorlog tegen de Engelse kroon speelde New York een belangrijke rol. Zeven jaar werd er om de Hudson-monding gevochten; door de heftige strijd was de stad grotendeels verwoest. Des te triomfantelijker was het overwinningsfeest dat generaal George Washington in 1783 met zijn mannen vierde in Fraunce's Tavern. Die herberg staat er nu nog, aan Pearl Street. Vlakbij, in Wall Street, werd Washington in 1789 de eerste president van de USA.

Grootste zeehaven van de Nieuwe Wereld

Centrale figuur in New York werd Washingtons strijdmakker Alexander Hamilton. Hamilton was een modern denkend iemand die New York zag als het toekomstige centrum van de wereldhandel en daarvoor ook het fundament legde. In 1792 richtte hij de New Yorkse beurs op en in de debatten tussen Amerika's *founding fathers* weersprak hij met klem een ieder die Amerika graag zag als een onafhankelijke landbouwnatie.

New York begon regelmatige handelsverbindingen met Engeland en Zuid-Amerika te onderhouden en het groeide daardoor zo snel dat het al spoedig in zijn voegen kraakte. In 1830 woonden hier 170.000 mensen. Aan deze groei droeg onder meer de ondernemersgeest van gouverneur DeWitt Clinton bij; met het Eriekanaal (584 km) maakte hij een waterverbinding met de Grote Meren in het binnenland. Zo ging een groot deel van de handelswaar uit het Amerikaanse binnenland via New York en de stad ontwikkelde zich voorgoed tot belangrijkste haven van het nieuwe continent.

Vanaf het midden van de 19e eeuw werden spoorlijnen aangelegd in het hele land, met de scheeps- en treinmagnaat Cornelius Vanderbilt als drijvende kracht. Toen John D. Rockefeller vervolgens Standard Oil in New York vestigde en staalmagnaat Andrew Carnegie de US Steel Corporation oprichtte werd New Yorks positie als hoofdstad van het Amerikaanse kapitalisme definitief onbetwistbaar.

Opmars tot metropool van de 20e eeuw

New York groeide met duizelingwekkende snelheid verder. Iedereen wilde deelhebben aan de welstand van de stad. Bij de migranten uit de andere staten van de VS kwamen rond de eeuwwisseling de grote immigrantenstromen uit Europa. Tussen 1892 en 1954 kwamen 12 miljoen mensen via de immigratiepoort Ellis Island in de New Yorkse haven aan.

Omdat de ruimte op het eiland Manhattan begrensd was, kon de stad al gauw nog maar in één richting groeien: verticaal. Al in 1910 waren er op Manhattan 66 torenflats waaronder klassiekers als het Flatiron Building, het Singer Building met 47 etages en de 213 m hoge toren van verzekeringsmaatschappij Metropolitan Life. Toen de Grote Depressie in de jaren '30 de bouwexplosie een halt toeriep, bezat Manhattan reeds zijn karakteristieke, adembenemende skyline met het Empire State Building .

Na de Tweede Wereldoorlog beleefde New York, samen met de hele VS, een ongekende opleving. Daarbij verkreeg de stad ook in steeds sterkere mate een positie als centrum van media en kunsten. De belangrijkste impulsen op het gebied van de moderne kunst in deze periode – van het abstracte expressionisme tot aan de popart – kwamen uit New York.

De stad vervalt

In de jaren '70 van de 20e eeuw kwam New York evenwel in een crisis terecht. De stad was bankroet, het verval van de infrastructuur en het gebouwenbestand nam hand over hand toe. Criminaliteit en geweld grepen om zich heen. De subcultuur, de muziekscene en het nachtleven daarentegen bloeiden op. Clubs als Studio 54 en Limelight gaven in deze tijd legendarische feesten. Er heerste een decadente maar productieve stemming, alsof het einde van de wereld in aantocht was.

Maar halverwege de jaren '90 begon burgemeester Rudy Giuliani, met deels rabiate methoden, de criminaliteit te bestrijden en de straten veilig te maken. Daarmee leidde hij een nieuwe bloeitijd van de stad in. Onder zijn bestuur en onder dat van zijn opvolger Michael Bloomberg beleefde New York een nieuwe bouwexplosie – Times Square bijvoorbeeld werd compleet nieuw bebouwd en heringericht. De beurs die twee keer een hoge vlucht nam, eind jaren '90 en begin jaren '00, zorgde tegelijkertijd voor een nieuwe periode van welstand.

Onzekere toekomst

Sindsdien kreeg New York echter twee traumatische gebeurtenissen te verwerken: de aanslagen van 11 september 2001 en de financiële crisis van 2008. Omdat de financiële sector, naast het toerisme, tegenwoordig de belangrijkste economische factor in de stad is, werd New York door de crash van 2008 bijzonder hard getroffen.

Sinds die financiële en economische crisis bevindt de stad zich in een ongewisse overgangsfase. Niemand kan op dit moment overzien of New York zoals in de jaren '70 een nieuwe, aanhoudende crisis tegemoet gaat of dat de stad vanaf 2011 weer aan een van zijn glansrijke perioden kan beginnen.

Reizen naar New York

Met het vliegtuig

Vanuit Nederland en België worden diverse malen per dag vluchten verzorgd naar New York. De vluchttijd bedraagt ongeveer 7 uur. Low cost vluchten zijn er (nog) niet.

New York beschikt over drie vliegvelden: **John F. Kennedy International Airport**, JFK (▶ kaart 4, F 4, tel. 1 718 244 44 44), **La Guardia Airport** (▶ kaart 4, E 2, voor binnenlandse vluchten, tel. 1 718 533 34 00) en **Newark International Airport** in New Jersey (▶ kaart 4, A 3, tel. 1 973 961 60 00).

Van het vliegveld naar de stad

Taxi: *yellow cabs* staan in rijen klaar voor iedere terminal (opschrift: Ground transportation; pas op voor zogenaamde *pirate cabs*, waarvan de chauffeurs in de aankomsthal klanten werven). De rit van JFK naar Midtown Manhattan kost $ 45 – daar komt $ 4 bij voor de tolbrug en de (aan te bevelen) $ 7 tot 9 fooi. De rit van La Guardia kost ca. $ 30 plus tol voor de brug en *tip* (geen vaste prijs zoals bij JFK).

Ritten vanaf Newark in New Jersey worden geregeld door een *cab dispatcher* die taxi's voor een vaste prijs toewijst. De dispatcher is vóór de aankomsthal te vinden. Een rit naar Midtown Manhattan kost $ 50-75 plus $ 4-6 tol voor de brug.

Airtrain/subway: de goedkoopste manier om op JFK of daar weg te komen. De Airtrain verbindt alle JFK-terminals met de subwaystations Howard Beach (lijn A) en Jamaica (lijn E, J, Z). Dat kost $ 5 resp. 2. De tocht naar de stad duurt 1 à 1,5 uur.

Airtrain/trein: vanaf Newark rijdt de Airtrain gratis naar het Airport Train Station. Van daar naar Penn Station Manhattan (34th St.) kost $ 12,50. De rit duurt maar 20 minuten.

Bus: de 'New York Airport Service Express'-bussen (www.nyairportservice.com) verzorgen pendeldiensten tussen JFK/La Guardia en Manhattan (halteplaatsen Grand Central Station, Bryant Park en Penn Station). Ze rijden tussen 6.15 en 23.10 uur ongeveer elke 20 minuten. Retourkaartjes kosten $ 27 (vanaf JFK) en $ 21 (vanaf La Guardia).

Newark is 24 uur per dag met de Port Authority Bus Terminal, Grand Central Station en Bryant Park op Manhattan verbonden door middel van de Newark Liberty Airport Express Bus: tel. 1 212 564 84 84 of 1 201 762 51 00. Een kaartje kost $ 14.

Super Shuttle: de bussen rijden van alle drie vliegvelden naar elk opgegeven adres tussen 33rd en 59th Street. Aanmelden voor vertrek in het Ground Transportation Center in de aankomsthal. Kaartjes: $ 21 vanaf JFK en Newark, $ 16 vanaf La Guardia.

Met trein of bus

New York is een knooppunt van Amtrak- en Greyhound-verbindingen die kriskras door de VS lopen. Intercitytreinen doen Penn(sylvania) Station aan. Greyhoundbussen komen aan op de Port Authority Bus Terminal.

Penn Station: ▶ C 5, Seventh Ave./ 33rd St., tel. 1 212 630 64 01.

Port Authority Bus Terminal: ▶C/D 4/5, Eighth Ave./42nd St., tel. 1 212 564 91 15.

Greyhound: tel. 1 800 231 22 22.

Van **Grand Central Terminal:** ▶ E 5, tel.

1 212 340 25 83, www.grandcentralterminal.com) gaan treinen naar plaatsen in de omgeving. Die zijn zeer geschikt voor uitstapjes buiten de stad zoals naar het Hudson-dal.

Dienstregeling en kaartjes: www.mta.info/mnr/.

Attentie: wie tijdens een uitstapje een **fiets** wil meenemen, moet in de Grand Central Terminal voor $ 5 een fietspas kopen.

Met de auto

Autoreizigers kunnen hun reis zo plannen dat de auto na een verblijf in New York wordt gehuurd voor dat verblijf al wordt ingeleverd. Gewoonlijk is Manhattan tussen 7.30 en ca. 22.30 uur totaal verstopt en parkeerplaatsen zijn er nauwelijks. Een plek in een parkeergarage kost tussen $ 30 en 50 per dag.

Autohuur: New York City is de duurste plaats van het hele continent om een auto te huren – een auto in de categorie Economy kost, als u hem op Manhattan huurt, per week zo'n $ 100 meer dan wanneer u hem elders in de VS huurt. U kunt geld besparen als u de auto afhaalt in New York State, buiten NY City dus, bijvoorbeeld in White Plains dat vanuit de stad prima per trein bereikbaar is. Enkele verhuurstations die buiten het centrum liggen zijn ook wat goedkoper zoals Uptown Cars aan 181st Street, subwaylijn 1 tot 181st Street, tel. 1 212 927 70 00, www.aamcar.com. De New Yorkse vliegvelden zijn ook een overweging. Laat u leiden door de tarieven van de autoverhuurder/touroperator en houdt daarbij de verbinding (tijd en kosten) van de stad naar het verhuurstation in de gaten. Het kan de moeite lonen – en het is zeker minder zenuwslopend – eerst per trein of vliegtuig naar een volgende bestemming te reizen en daar op het vliegveld of station de huurauto af te halen.

In het algemeen geldt dat vooraf thuis een huurauto reserveren aanzienlijk goedkoper is. Ook als u al in New York bent kunt u nog altijd vooruit reserveren via internet. Dat kan gewoon op bijvoorbeeld de Nederlandse site sunnycars.nl of bij de voordelige Engelstalige *broker* arguscarhire.com.

Diplomatieke vertegenwoordigingen

Nederlands consulaat-generaal (▶ E 4), 1 Rockefeller Plaza, 11th floor New York City 10020-2094, tel. 1 877 388 2443, ny.the-netherlands.org, ma.-vr. 9-17 uur (visa 9-12.30 uur), subway: B, D, F, V tot Rockefeller center.

Belgisch consulaat-generaal (▶ D 5) 1065 Boulevard of the Americas, 22nd floor (ingang 40th Street), New York City 10018, tel. 1 212 586 5110, www.diplomatie.be/newyork, ma.-vr. 9.30-12.30 uur, subway: 1, 2, 3, 7, A, C, E, N, Q, R, W tot 42nd Street/Times Square.

Douane

De Verenigde Staten hebben de bepalingen voor de toegang tot het land in de afgelopen jaren aanzienlijk verscherpt. Elke bezoeker moet voor aankomst 'reistoestemming' verkrijgen (Travel Authorization) via het internet-registratiesysteem **ESTA**. Daarvoor moet $ 14 p.p. worden betaald door middel van een creditcard. Een aanvraag duurt ongeveer 15 minuten. Het DHS ('binnenlandse zaken') beveelt aan om de aanvraag minstens 72 uur voor aankomst te doen. Volwassenen én kinderen moeten in het bezit zijn van een geldig paspoort.

Wie langer dan 90 dagen in de VS wil verblijven, heeft een visum nodig. Dat geldt ook voor scholieren in uitwisselingsprogramma's, studenten en iedereen die tijdens zijn verblijf wil werken.

Aan het loket van de immigratiedienst worden van elke bezoeker vingerafdrukken genomen van alle vingers. Bovendien wordt een portretfoto genomen. Men kan u vragen stellen over de reden van uw reis, uw bestemmingen in de VS en de geldmiddelen waarover u beschikt.

Invoerbepalingen: mensen vanaf 21 jaar mogen 200 sigaretten of 50 sigaren of 200 g tabak invoeren zonder rechten te betalen; dat geldt ook voor 1 l alcohol en cadeaus tot een waarde van $ 100. Levensmiddelen invoeren is verboden; neem dus geen eetbare dingen mee als u het vliegtuig verlaat.

Enkele tips: doe uw koffer(s) of tas(sen) niet op slot. De Transport Security Administration heeft het recht om bagage indien nodig met geweld te openen voor controle – de nijptang wordt wel eens gebruikt en schade is niet verhaalbaar.

Het is verstandig kort voor vertrek te informeren of er veranderingen zijn in de toegangsbepalingen, bijvoorbeeld bij de luchtvaartmaatschappij, het reisbureau of de ANWB.

Reizen in New York

Informatie: Metropolitan Transportation Authority, tel. 1 877 337 20 17, www.mta.info

Subway: het meest effectieve middel van transport. Alle lijnen rijden *uptown* of *downtown*. Er zijn twee soorten: de *express trains* (die stoppen niet op alle stations) en *local trains* (stoppen overal). In het algemeen kan worden gezegd dat je zonder bedenking dag en nacht de ondergrondse kunt gebruiken. Wie 's nachts een eenzaam perron onaangenaam vindt kan wachten in de Off-Hour Waiting Area bij de uitgang.

Een rit kost $ 2,25. Een aanrader is de *Unlimited Ride Metro-Card* waarmee u voor $ 8,25 een hele dag en voor $ 27 een hele week onbeperkt gebruik kunt maken van de subway en de buslijnen.

Bus: vervoer per bus in New York is goedkoop, veilig en gemakkelijk. Alle lijnen rijden *uptown, downtown* of *crosstown*. Op een enkele uitzondering na blijven de bussen steeds in dezelfde straat rijden; bushaltes zijn er gemiddeld om het andere *block*. Crosstownbussen rijden alleen over de bredere straten. Met de *Metro-Card* kunt u ook per bus reizen (Metro komt van Metropolitan, niet van ondergrondse). Overstappen kost niets extra. 's Nachts zijn bussen een veilig alternatief voor de subway. Wie haast heeft kan beter ondergronds reizen want de bussen zijn wel tergend langzaam; maar je ziet wel wat!

Taxi: taxi's zijn goedkoop in New York. Het basistarief ligt op $ 2,50 en per drie blocks ongeveer komt daar 40 cent bij. U kunt vanaf het trottoir een taxi aanhouden; als het bordje op het dak verlicht is, is de taxi vrij. Sinds 2009 zijn alle taxi's uitgerust met pinautomaten voor creditcards. In delen van Brooklyn en Harlem zijn niet altijd voldoende taxi's op straat om er snel een te krijgen. U kunt dan ook een zogenaamde *gypsy cab* nemen. Die beschikken ook over een licensie wat is te herkennen aan het nummerbord dat met een T moet beginnen en met een C ophoudt. In deze taxi moet u echter de prijs met de chauffeur afspreken, onderhandelen soms. Het helpt natuurlijk als u weet hoeveel een normale taxi ongeveer kost voor het af te leggen traject.

Veerdienst: kijk voor de gratis veerboot naar Staten Island op blz. 31. tel. 1 311 (Department of Transportation).

Feestdagen

De belangrijkste feestdagen in de VS zijn **Thanksgiving Day** – laatste donderdag van november – en **Independence Day**, de nationale feestdag op 4 juli. Veel minder belangrijk is *Kerst* op 25 december. Aan de avond van de 24e wordt niet veel aandacht besteed. Het christelijke feest heeft in New York, waar veel joden, moslims, hindoes enz. wonen überhaupt geen zeer grote betekenis al lijken films en de commercie het ons nog wel eens anders voor te schotelen. Andere belangrijke feestdagen zijn *Memorial Day*, meestal op de laatste zondag van mei, en *Labor Day* begin september, die het einde van de zomer markeert.

Voor alle feestdagen geldt in New York dat wel alle instanties en banken zijn gesloten maar winkels blijven doorgaans open. Alleen op Thanksgiving en op 4 juli is bijna alles dicht. Hoognodige zaken zijn in New York echter altijd verkrijgbaar.

Feesten en festivals

Chinees Nieuwjaar: doorgaans eind januari of begin februari. Het nieuwjaarsfeest wordt in Chinatown gevierd met drie dagen vol optochten en straatfeesten, www.explorechinatown.com

St. Patrick's Day Parade: elk jaar op 17 maart viert de Ierse bevolkingsgroep van New York de nationale Ierse feestdag met een grote optocht; aansluitend vloeit het bier rijkelijk in de Ierse pubs, www.saintpatricksdayparade. com

Museum Mile Festival: op een dag in begin juni wordt Fifth Avenue compleet afgesloten voor een straatfeest; de grote musea aan deze laan, zoals het Guggenheim en het Metropolitan, laten bezoekers op die dag gratis naar binnen, www.museummilefestival.org

Gay Pride Day: op de laatste zondag van juni herdenkt de homogemeenschap van New York de straatrellen in Christopher Street (Greenwich Village) in 1969, toen de homo's in opstand kwamen tegen discriminatie en gebruik van geweld door de politie.

Interessant genoeg heet deze dag tegenwoordig bijna overal in de wereld Christopher Street Day, behalve in de stad waar het destijds gebeurde. Een grote optocht marcheert Fifth Avenue af en eindigt bij het straatfeest in Christopher Street, www.nyc pride.org

4th of July: op de nationale feestdag zet warenhuis Macy's Manhattan in de gloed van een reusachtig vuurwerk, begeleid door een symfonisch concert door de New York Pops. Elk jaar op een andere plek. Informatie in de dagbladen en op www.macys. com

Thanksgiving Parade: op de belangrijkste Amerikaanse feestdag – Thanksgiving, de laatste donderdag van november – organiseert (wederom) Macy's 's ochtends een grote optocht die langs Central Park voert, over Broadway en dan naar het warenhuis op Herald Square. Een grote attractie is al het opblazen van de heteluchtballonnen, de avond voor de optocht – veelal meer dan mensgrote stripfiguren – achter het Museum of Natural History. www.macys.com

Nieuwjaar op Times Square: een miljoen mensen staan elke oudejaarsavond samengepakt op Times Square om daar gemeenschappelijk het nieuwe jaar in te luiden. Het moment suprème is de *ball drop* om 23.59 uur. Een grote glazen kogel, met veel licht natuurlijk, wordt van grote hoogte in 60 seconden naar beneden gelaten. Voor een goed plekje is het nodig al 's morgens naar Times Square te komen. Wie mensenmassa's niet fijn vindt blijve verre. Alcoholgebruik is ten strengste verboden, www.timessquarenyc.org

Geld

De US-dollar ($) was in november 2010 circa € 0,70 waard. Gangbaar zijn bankbiljetten van 1, 5, 10 en 20 dollar; briefjes van 50 en 100 dollar worden met

New York Pass

De stad biedt een pas aan waarmee u toegang krijgt tot een aantal belangrijke bezienswaardigheden. Er is een 1 day pass voor $ 75 (kinderen 4-12 jaar $ 55), een 2 day pass voor $ 110 ($ 79), een 3 day pass voor $ 125 ($ 105) en een 7 day pass voor $ 165 ($ 125). Zo'n pass is vooral de moeite waard als u van plan bent de dag vol te proppen met activiteiten. De toegang tot het Museum of Modern Art bijvoorbeeld kost $ 20, tot het Empire State Building hetzelfde en Top of the Rock, het uitzichtplatform van Rockefeller Center, kost $ 21 (bij elkaar dus $ 61). Met deze drie attracties is een dag al ruimschoots gevuld. Met de New York Pass kunt u meestal via de Fast Track Entry naar binnen. Een overzicht van het aanbod vindt u op www.newyorkpass.com

tegenzin geaccepteerd. Gangbare munten zijn de *quarter* (25 cents), de *dime* (10 cents) en de *nickel* (5 cents). **Creditcards en travelers cheques** worden overal geaccepteerd. Bij geldautomaten (ATM's) kunt u uiteraard terecht met uw Nederlandse bankpas (kies na het intoetsen van de PIN *Withdrawal from Checking*).

Gevonden voorwerpen

Mocht u zaken zijn verloren dan kunt u zich wenden tot de Designated Lost Property Police Precinct: 17th Precinct, tel. 1 212 826 32 11, althans voor Manhattan. Als u iets bent kwijtgeraakt in de subway of de bus kunt u het proberen bij MTA Lost and Found, tel. 1 212 712 45 00.

Als u iets in een taxi hebt laten liggen dan kunt u bellen met 1 212 NYC TAXI (1 212 692 82 94). Helemaal handig is het als u het taxinummer hebt, dan wordt de kans op terugkrijgen een stuk groter. Meteen bellen! Het taxinummer staat ook op de rekening, een van de goede redenen om een bonnetje te vragen.

Gezondheid

Vanwege de hoge kosten van de Amerikaanse gezondheidszorg is het verstandig om apart aandacht te besteden aan ziektekosten bij het afsluiten van een **reisverzekering**. Een bezoek aan een arts of een ziekenhuis moet altijd meteen, ter plaatse worden betaald.

Op de *yellow pages* van telefoonboeken vindt u dokters in de rubrieken *Clinics* en *Physicians and Surgeons*. Voor noodgevallen zie blz. 24. Een andere mogelijkheid is om via Google bijvoorbeeld te zoeken op *doctors* plus de wijk waar u bent, bijvoorbeeld 'Upper West Side Manhattan'. Wie regelmatig medicijnen neemt doet er verstandig aan voor enkele dagen meer mee te nemen, handig bij vertragingen bijvoorbeeld.

Doctors House Call Services: 952 Fifth Ave., Suite 1 D, tel. 1 212 737 12 12, 24-uurs doktersdienst, meertalig.

Informatie

Vóór de reis

Zoiets als een verkeersbureau voor de VS of New York is er niet, ook al wekken soms touroperators een andere indruk. In reisgidsen en op internet is natuurlijk een schat aan informatie te vinden, bijvoorbeeld op www.verenigdestaten.info dat een voorbeeld geeft van hoe u een programma voor een dag of vier zou kunnen samenstellen.

Tourist Information in NYC

NYC's Official Visitor Information Center (▶ D 4): 810 Seventh Avenue, tussen 52nd en 53rd Street, tel. 1 212 484 12 00, ma.-vr. 8.30-18, za./zo. en feestdagen 8.30-17 uur, subway: B, D, E tot Seventh Ave. Het is dé centrale informatiebalie voor alle bezoekers van New York. Hier vindt u folders, plattegronden en antwoord op praktisch alle vragen over de Big Apple. Het Center beschikt over een hoogwaardig interactief informatiesysteem waarmee u individueel al uw activiteiten kunt plannen. Ook kunt u detailinformatie printen of op uw laptop, pda of mobiele telefoon downloaden. De website is uitgesproken informatief: www.nycgo.com
Andere informatiekantoren:

City Hall Park Visitor Information Booth (▶ B 11): hoek Park Row/Broadway, tel. 1 212 484 12 22, ma.-vr. 9-18, za./zo. 10-17 uur, subway: R, W, 4, 5, 6 tot City Hall.

Times Square Visitors Center (▶ D 4): Seventh Avenue, tussen 46th en 47th Street, www.timessquarenyc.org, ma.-vr. 9-19, za./zo. 8-20 uur, voorverkoop van tickets, gratis internetgebruik, geldautomaten.

Brooklyn Tourism and Visitors Center (▶ D 13): 209 Joralemon Street/Court-Adams Street, achterzijde Borough Hall, tel. 1 718 802 38 20, www.visitbrooklyn.org, ma.-vr. 10-18, juli-aug. ook za. 10-17 uur.

Harlem Visitors Information Center (▶ kaart 3, A 2): in Studio Museum of Harlem, 163 West 125th Street, tussen Sixth en Seventh Avenue, dag. 10-18 uur.

Kinderen

Met kinderen naar New York reizen is vermoeiend. De stad met zijn hectiek en de vele zinneprikkelingen eist normaalgesproken al meer dan genoeg

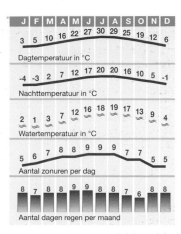

Het weer in New York

van de reiziger. Aan de andere kant is de stad voor kinderen minstens zo interessant en opwindend als voor volwassenen. De lichtjes op Times Square, exotische buurten als Chinatown – overal valt iets nieuws of iets interessants te zien, te horen en te ruiken. En de stad heeft voldoende activiteiten te bieden die ouders net zo veel plezier opleveren als kinderen.

Zo is daar het American Museum of Natural History met zijn dinosauriërsskeletten, de levensgrote diorama's en het grote observatorium (zie blz. 80), het Metropolitan Museum met complete antieke tempels waar je in kunt rondlopen (zie blz. 58), Coney Island met strand, het pretpark en het New York Aquarium (zie blz. 73), de Bronx Zoo en natuurlijk Central Park.

Reusachtige speelgoedwinkels als F.A.O. Schwarz (Fifth Ave. en 59th St.) en ook waanzinnige snoepwinkels zoals Dylan's Candy Bar (Third Ave. en 60th St.) zijn gegarandeerd een succes bij kinderen; dat geldt ook voor de Brooklyn Ice Cream Factory (zie blz. 70) met uitzicht op de skyline van Manhattan en het Vrijheidsbeeld. Ook

Veiligheid en noodgevallen

New York geldt tegenwoordig als de veiligste grote stad van de VS. In de ranglijsten van Amerikaanse steden met de hoogste misdaadcijfers komt de stad nergens meer bij de eerste honderd. Dat betekent natuurlijk niet dat je op Times Square of in de subway niet meer op je spullen hoeft te letten. Voor wie zich snel onzeker voelt nog enkele andere gedragsregels:

- Doe u niet overduidelijk als toerist voor. Door de stad lopen met een opengevouwen plattegrond en een camera om de nek vraagt de aandacht.
- Laat waardevolle spullen achter in de kluis in het hotel en overweeg op zijn minst om pronkerige juwelen/sieraden en dure horloges thuis te laten; draag niet veel contant geld op zak.
- In het algemeen is Manhattan onder 125th Street de klok rond een veilig gebied, net als grote delen van Brooklyn. Wie uitstapjes daarbuiten plant, bijvoorbeeld naar Queens of The Bronx, zou zich vooraf over de bestemming kunnen onformeren. Het ene deel van een straat kan een stuk veiliger zijn dan het andere.
- Blijf zo veel mogelijk in levendige omgevingen. Hoe meer mensen er op straat zijn, hoe veiliger het er is, zakkenrollerszones uitgezonderd.

Blokkeren bankpas en creditcard: zorg dat u de betreffende telefoonnummers bij zich hebt; kijk anders op www.veiligbankieren.nl/meldnummers.html
Alarmnummer: 1 911, **Crime Hotline:** 1 800 771 77 55.
Ziekte-/noodgeval: 1 800 395 34 00.
New York Hotel Urgent Medical Service: 24-uurs dienst, de arts komt naar het hotel toe, tel. 1 212 737 23 33.

het uitzicht vanaf het panoramaplatform boven op Rockefeller zal voor kinderen zonder twijfel een onvergetelijk hoogtepunt zijn.

Er zijn inmiddels zelfs enkele boeken speciaal aan activiteiten met kinderen in New York gewijd. Aan te bevelen is *The Cool Parents' Guide to All of New York* van Alfred Gringold. Bovendien is op de homepage van de New Yorkse VVV, www.nycgo.com, een hele rubriek opgenomen over wat je hier met kinderen kunt ondernemen.

Klimaat en reisperiode

De zomermaanden juli en augustus kunnen drukkend warm zijn. Temperaturen van 40 °C en een extreem hoge luchtvochtigheid zijn dan niet ongewoon; vaak worden die alleen maar onderbroken door een kort onweer. De winter in de stad met zijn ijzige winden kan echter ook onaangenaam zijn, zo zelfs dat je het maar enkele minuten achter elkaar uithoudt buiten. De beste perioden om New York te bezoeken zijn het voorjaar van april tot eind juni en de mooie lange herfst die in de loop van september begint en voortduurt tot in november.

Openingstijden

Banken: ma.-vr. 9-15.30 uur.
Postkantoren: ma.-do. 8-18, vr. 8-19, za. 8-13 uur. Het **US General Post Office,** ▶ C 5, 380 West 33rd St./Eighth Ave., is 24/7 geopend.
Winkels zijn vrij in het bepalen van hun openingstijden. Veel *delis* zijn 24 uur per dag geopend.

Reizen met een handicap

New York is bijzonder 'gehandicapten-vriendelijk' – bijna alle openbare gebouwen zijn daarop ingericht. **Informatie:** Mayor's Office for People with Disabilities, tel. 1 212 788 28 30, fax 1 212 341 98 43, www.nyc.gov/html/mopd

Roken

Roken in cafés, bars, restaurants en openbare gebouwen is verboden en in huizen heeft men het liever niet. Burgemeester Bloomberg wil het roken in parken, op stranden en in voetgangerszones ook gaan verbieden.

Rondleidingen

Informatie over het complete aanbod van rondritten, rondvaarten en rondleidingen kunt u krijgen bij NYC's Official Visitor Information Center (zie blz. 23).

Een complete lijst van de verschillende tours door New York, van jogging-via jazz- en hip-hop-tours tot culinaire rondtochten vindt u op de de website van de VVV: www.nycgo.com

Rondritten

Grayline Tours (D 3), 777 Eighth Ave., tussen 47th en 48th St., tel. 1 800 660 00 51, www.newyorksightseeing. com. Wie niet door de stad kan of wil lopen kan met de *All-Loops*-dubbeldekkertour dwars door Manhattan gaan. Een ticket kost $ 49 voor 48 uur (kinderen $ 39, online-prijs); de tour kan bij elke halte worden onderbroken. Elk halfuur van 8.30 tot 19.30 uur; haltes bijvoorbeeld Times Square, Chinatown, SoHo, Empire State Building, Rockefeller Center.
Circle Line (▶ B 4), Pier 83, 42nd St./ Hudson River, tel. 1 212 563 32 00, www. circleline.com, subway: A, C, E tot 42nd Street. Een boottocht van drie uur

rondom Manhattan Island. Dag. elk halfuur tussen 9 en 15.30 uur. Tickets $ 35, kinderen $ 22, ouderen $ 30.

Rondleidingen

Big Apple Greeter, tel. 1 212 669 81 59, fax 1 212 669 36 85, www.big applegreeter.org. Laat u zich door de stad leiden door echte New Yorkers.
Big Onion Walking Tours, tel. 1 212 439 10 90, www.bigonion.com. Vakkundig geleide thematours door NYC. Aanbevelenswaardig: 'Immigrant New York', een wandeling door de immigrantenbuurten. $ 15, met korting $ 12.

Per fiets door New York

Tel. 1 212 541 87 59, www.centralpark biketour.com. Verschillende tochten met gids die zich op afzonderlijke aspecten van de stad richten. Volwassene vanaf $ 49, kinderen vanaf $ 40, inclusief huurfiets en helm. Alle tochten beginnen in de fietsenzaak SBR op de hoek van 57th Street en Seventh Avenue, subway A, B, C, D, 1 tot Columbus Circle. Een suggestie voor een zelf te ondernemen fietstocht vindt u vanaf blz. 67.

Sport en recreatie

Hardlopen

New York is een ideale omgeving voor joggers en runners. Het Central Park en de rivieroevers bieden vele kilometers hardlooproute zonder gemotoriseerd verkeer. De populairste route in Central Park is het pad rond het waterreservoir, beroemd geworden als trainingsparcours van Dustin Hoffman in de film *Marathon Man*. Maar ook op de straten rond het park wordt graag gerend. De complete route om het park is bijna 10 km lang. Op de spitsuren na ('s morgens van 7-9, 's avonds van 17-19 uur) rijdt er geen verkeer. Langs de Hudson kun je hardlopen van de zuidpunt van Manhattan tot aan 181st Street, langs de East River van South Street Seaport tot aan het VN-gebouw bij 42nd Street. De trajecten langs de Hudson en in Central Park zijn ook prima geschikt voor inline skates.

Typisch Amerika is dan wel weer de mogelijkheid om hardlopend de stad te bekijken met een (eveneens hardlopende) gids, een geestig aanbod. Er zijn verschillende aanbieders, de meeste rennen 's morgens: tel. 1 877 415 00 58, www.cityrunningtours.com

Schaatsen

Onder de kerstboom bij het Rockefeller Center wat rondjes draaien behoort tot de klassieke wintergenoegens in New York (Rockefeller Center Ice Rink, ▶ E 4, tel. 1 212 332 76 54, www.rockefellercenter.com. Gewoonlijk geopend van oktober tot april. Voor $ 8 kunt u hier ook schaatsen huren).

De New Yorkers zelf gaan ook graag en misschien wel liever schaatsen in Bryant Park (▶ D 5, 42nd St., achter de Public Library tussen Fifth en Sixth Ave.), geopend van november tot april, schaatshuur $ 12 (www.thepondatbryantpark.com/skate/info).

Baseball

De bekendste honkbalploeg van de VS (of de wereld, wat is het verschil) is wel de New York Yankees, zij grossieren in titels. Om deze topploeg aan het werk te zien kost dan ook een paar centen. Het chique nieuwe stadion in The Bronx werd in 2010 geopend. Voor de gewone leaguewedstrijden lopen de prijzen uiteen van $ 100 tot zo'n $ 550, in de play-offs kunnen de kaartjes onbetaalbaar worden als ze niet al maanden tevoren zijn besteld. **Yankee Stadium:** ▶ kaart 4, D 1, tel. 1 718 293 43 00, http://newyork.yankees.mlb.com. subway: B, D, 4 tot 161st Street/Yankee Stadium.

De lokale rivaal, de New York Mets, zetelt in het stadsdeel Queens, eveneens in een nieuw stadion. Omdat de Mets veel minder succesvol zijn dan de Yankees, zijn de kaartjes daar ook wel wat goedkoper. Wie tijdig bestelt kan al vanaf $ 15 een kaartje krijgen. **Shea (Citi Field) Stadium:** ▶ kaart 4, E 2, tel. 1 718 507 84 99, http://newyork.mets.mlb.com, subway: 7 tot Willets Point.

Basketball

De New York Knicks zijn het zorgenkind van de New Yorkse sportclubs. Sinds de jaren '70 hebben ze geen kampioenschap meer behaald en ze strompelen van de ene crisis naar de andere. Niettemin is het legendarische Madison Square Garden meestal wel uitverkocht en zijn de plaatsen aan de rand doorgaans wel doorspekt met wat prominenten. De ticketprijzen variëren sterk, afhankelijk van het seizoen. **Madison Square Garden:** ▶ C 5, Seventh Ave./32nd St., tel. 1 866 858 00

Wie basketball in zijn oorspronkelijkste vorm wil meemaken, gaat kijken bij de zomerse **streetball toernooien** op Manhattan (en ook elders). De beroemdste *streetball courts* zijn de 'Cage' bij West 4th Street en Sixth Avenue, subway A tot West 4th Street, en de legendarische 'Rucker' in Harlem bij 155th Street en Frederick Douglass Boulevard, subway C tot 155th Street: www.ebc sports.com. De toernooien zijn er de hele zomer, van begin juni tot begin september, meestal vanaf 17 uur. Streetball is ook het thema van diverse speelfilms, bijvoorbeeld *White men can't jump*. Een leuke kans om (af en toe) hoogstandjes te zien. En het kost niets.

08, www.nba.com/knicks, subway: A, C, E, 1, 2, 3 tot 34th Street/Penn Station.

IJshockey

De agglomeratie New York telt drie professionele teams die in de hoogste league spelen: de New York Rangers, de New York Islanders en de New Jersey Devils. In New York City zelf spelen alleen de Rangers, in de beroemde Madson Square Garden (opknapbeurt in 2012). De arena's van de Islanders op Long Island en van de Devils in Newark, New Jersey, zijn echter met openbaar vervoer prima te bereiken. **New York Rangers**, Madison Square Garden, tel. 1 866 858 00 08, http://rangers.nhl.com

American football

Het seizoen voor het American football is kort en daarom is het niet gemakkelijk om aan betaalbare kaartjes te komen. Bovendien is het **New Meadowlands Stadium** (▶ kaart 4, B 1) in New Jersey, waar de thuiswedstrijden van de New York Giants en van de New York Jets plaatsvinden, vanuit Manhattan niet supergemakkelijk te bereiken. Regelmatige busverbindingen vanaf de Port Authority Bus Terminal op 42nd Street, 102 Route 120 East Rutherford, NJ 07073, tel. 1 201 460 437, www.nfl.com/teams/newyork giants/profile?team=nyg en voor de Jets www.nfl.com/teams/newyorkjets/ profile?team=nyj

Soccer (voetbal)

De voetbalcompetitie in de VS doet de laatste jaren veel moeite om de andere profsporten te beconcurreren. De ploeg Red Bull New York heeft om die reden in 2010 niet alleen een splinternieuw stadion in gebruik genomen, ze hebben ook de Franse topspeler Thierry Henry ingelijfd. De sfeer is niet zoals we die van de Bundesliga, de Premier League of zelfs de Arena en de Kuip

gewend zijn maar om Henry te zien is een treinreisje naar New Jersey de moeite waard. Prijzen van kaartjes beginnen bij $ 20. Cape May St., Harrison, NY 07029, tel. 1 201 583 70 70, www.newyorkredbulls.com. Bereikbaarheid: de rode lijn van de PATH Train naar station Harrison kunt u nemen op het station World Trade Center op Manhattan.

Telefoon

Een lokaal gesprek vanuit een telefooncel kost $ 0,50. Alternatief: bellen met een *prepaid phone card*; die is ook voor internationale gesprekken geschikt (verkrijgbaar met tegoeden van $ 10-100 bijv. bij de krantenkiosk).

Mobiel: wordt hier *mobile phone* of *cell phone* genoemd. Oudere Europese mobiele telefoons, zonder 'tri-band', werken hier niet. Wie veel wil bellen (of gebeld gaat worden) kan een Amerikaanse prepaid-SIM-kaart kopen voor zijn mobiel. Daarmee worden zowel binnenlandse als internationale gesprekken beduidend goedkoper. Duurder wordt het dan wel voor degene die naar uw Amerikaanse nummer belt, vanuit Europa

Landcodes: Nederland 011 31 en België 011 32; vervolgens de 0 voor het netnummer weglaten.

VS: om vanuit Europa naar de VS te bellen gebruikt u de landcode van de VS, 001. New York City heeft vijf 'netnummers': 212, 917, 646 voor Manhattan en 718 en 347 voor de andere stadsdelen. Gratis telefoonnummers beginnen met 800 en vanwege het grote succes ook al met 866, 877 en 888. Om naar een ander stadsdeel te bellen gebruikt u wel eerst de 1.

De 15 hoogtepunten

Times Square, de glinsterende en van de mensen krioelende kruising van Broadway en 7th Avenue, is het centrum van Manhattan, geografisch en ook symbolisch. New Yorkse stedenbouwkundigen hebben begrepen dat de aantrekkingskracht van het plein het straatleven is, het stadstheater. Daarom hebben ze een deel van Broadway afgesloten voor verkeer en er een tribune, tafels en stoelen neergezet. Daar kun je nu zitten en New York als een golf over je heen laten spoelen. Dat experiment was een doorslaand succes. De New Yorkers zijn er dol op.

1. De wieg van Amerika – het Vrijheidsbeeld en Ellis Island

Kaart: ▶ D1-G8
Vervoer: subway 1 tot South Ferry

Het is een panorama dat al vele miljoenen mensen heeft betoverd: rechts 'Lady Liberty' – het Vrijheidsbeeld, het symbool van de beloften van Amerika – en aan de horizon de majestueuze skyline van Manhattan, die oneindige mogelijkheden in het vooruitzicht lijkt te stellen.

Die aanblik was het eerste uitzicht op de Nieuwe Wereld dat grote groepen nieuwkomers uit Rusland, Polen, Duitsland, Ierland, Engeland en Italië tot 1954 kregen. Zij werden (bijna) allemaal door het quarantainestation en immigratiecentrum Ellis Island gesluisd voordat ze voet aan wal mochten zetten in hun 'nieuwe vaderland'. Als de bezoeker hier tegenwoordig met de veerboot aanmeert kan die zich misschien het kippenvel-gevoel voorstellen dat door de menigte ging als de lang gekoesterde wens van de 'op-el-kaar-gepropte massa's' in vervulling ging; als 'huddled masses' worden ze namelijk bezongen in het gedicht van Emma Lazarus dat op een plaquette in de sokkel van het Vrijheidsbeeld is vereeuwigd.

Ellis Island is nu een van de grote attracties van New York. Dagelijks maken boten vanaf de steiger bij **Battery Park 1** op de zuidpunt van Manhattan elke 45 minuten de rondvaart met stops op Ellis Island en bij het Vrijheidsbeeld. In het hoogseizoen slingert de rij wachtenden zich door het park. Wie er niet vroeg bij is 's morgens kan wel twee uur in de rij staan. Maar ook dan is de tour de moeite waard en niet alleen vanwege het uitzicht.

Monument voor immigranten uit de hele wereld

In het **Main Building** 2 kunt u stap voor stap de procedure nalopen die de immigranten moesten ondergaan, voordat ze in Amerika aan land werden gelaten. Vele miljoenen Amerikanen komen hier ook om in de database naar hun voorvaderen te zoeken. Hier kunnen ze precies uitzoeken wanneer hun familie hier is ontscheept en waar ze vandaan kwam. De helft van alle Amerikaanse burgers heeft verwanten die via Ellis Island zijn binnengekomen. Het is aandoenlijk om te zien hoe zij proberen zich in de situatie van hun voorvaderen te verplaatsen.

Eeveneens de moeite waard is de halte bij het **Vrijheidsbeeld** 3. Sinds 2009 kan weer in de kroon worden geklommen van het 93 m hoge beeld dat Frankrijk aan de Verenigde Staten

Overigens: wie de rijen voor de veerboot naar Ellis Island en het Statue of Liberty wil mijden maar wel vanaf het water het klassieke uitzicht op de skyline van Lower Manhattan wil genieten, die neemt een pendelboot van de **Staten Island Ferry** 4. Die veerboten kruisen 24 uur per dag door de baai van New York. En het mooiste is: die boot is geheel gratis, je loopt er zo op. De ferryterminal ligt aan het oostelijke uiteinde van Battery Park, iets voorbij de aanlegsteiger van de Ellis Island-ferry.

schonk ter gelegenheid van 100 jaar Onafhankelijkheidsverklaring. Het uitzichtsplatform, dat een adembenemende blik op Manhattan biedt, was na 11 september 2001 afgesloten. Om bij dat uitzicht te komen moet wel enige moeite worden gedaan, er zijn 354 traptreden te beklimmen.

- -

Ferry naar Ellis Island

De veerboot legt dagelijks tussen 9.30 en 17 uur bij Battery Park aan en gaat naar Ellis Island en naar het Vrijheidsbeeld. De prijs voor de boot en het museum is $ 19, kinderen $ 12. Omdat de toegang tot de kroon beperkt is zou u de tickets vooraf via internet moeten bestellen als u de kroon in wilt klimmen. www.statueof liberty-tickets.com/tickets. Ellis Island en het Vrijheidsbeeld zijn tot 18 uur geopend. Om voldoende uit uw tripje te kunnen halen zou u niet later dan 15 uur van Manhattan moeten vertrekken.

Romantische zeiltrip

Wie evenwel op zoek is naar een bijzonder romantische beleving van de New Yorkse haven en het Vrijheidsbeeld, boekt een zeiltocht op

de historische schoener Adirondack. Dat genoegen is met $ 40, of $ 50 inclusief champagne, weliswaar geen koopje maar het is zeer waarschijnlijk een hoogtepunt van uw New York-reis. De **aanlegsteiger** 5 bevindt zich op Pier 62 aan de Hudson, ter hoogte van 22nd Street, een kwartier lopen van subwaystation 23rd Street (lijn C en E). Tickets online: www.sail-nyc.com of telefonisch op 1 212 627 18 25. Vaak zijn nog kaarten beschikbaar voor dezelfde dag. April tot eind november.

Wat drinken na afloop

De nabijgelegen **Stone Street** 6 is geplaveid met kinderkopjes en afgesloten voor verkeer. In de scheefgezakte oud-New-Yorkse huizen zitten authentieke kroegen en cafés, sommige met 's zomers een terras op straat.

Kaart: ▶ A-B 11-12
Vervoer: subway E tot World Trade Center

Het New York van na de millenium-wisseling draagt vooral het stempel van twee gebeurtenissen: de terreuraanslagen van 11 september 2001 en de financiële crisis van 2008. Deze mijlpalen van de jongste geschiedenis hadden hun brandpunt op slechts enkele minuten lopen van elkaar: op Ground Zero, de locatie van het voormalige World Trade Center, en op Wall Street.

Hoe je er ook tegenover staat – een kijkje nemen bij Ground Zero hoort er-bij tegenwoordig als je New York be-zoekt. Maar hoedt u voor een teleur-stelling: op de plaats des onheils valt niet veel te zien. Het gebied is omge-ven door een schutting, alleen vanaf de hoogste verdiepingen van het aan-palende **Hilton hotel** 1 is er een vrije blik op het terrein.

Grootste bouwput van New York

Na eindeloze discussies over de bouw-bestemming, over de verschillende ontwerpen en vooral over de financie-ring is in 2009 eindelijk een begin ge-maakt met de nieuwbouw op Ground Zero. In de zomer van 2010 was van bui-tenaf echter alleen te zien dat de stei-gers er stonden voor de eerste 20 ver-diepingen van de 'Freedom Tower', die in 2013 de hoogste wolkenkrabber van New York moet worden.

De New Yorkers zijn ondertussen al lang gewend geraakt aan het gat in hun stad. Rond het bouwterrein heerst de gewone dagelijkse bedrijvigheid.

De vele werknemers van het bestuurlijke centrum en het Financial District haasten zich onaangedaan naar hun werk. Slechts op bepaalde plaatsen is nog iets van de shock maar ook van de solidariteit uit die dagen te bespeuren.

Pal tegenover Ground Zero staat bijvoorbeeld het kerkje **St. Paul´s Chapel** 2 , waar destijds voor de hulpverleners en de vrijwilligers werd gezorgd; aan het hek van de kerk bevestigden bange verwanten briefjes met vragen over hun vermiste. In de kapel is tegenwoordig een kleine tentoonstelling te zien die aan de donkere periode herinnert.

Persoonlijke herinneringen

Aan de zuidkant van Ground Zero, aan Liberty Street, werd in 2006 tijdelijk een klein **World Trade Center Museum** 3 geopend, tot het officiële museum op het oorspronkelijke terrein klaar is (geplande opening 11 september 2011). Daar worden op zeer aanschouwelijke wijze de gebeurtenissen van toen door de ogen van hulpverleners, vrijwilligers, overlevenden en nabestaanden weergegeven. Meestal zullen getuigen van de ramp ook persoonlijk aanwezig zijn om hun verhaal te vertellen en vragen te beantwoorden.

Direct naast het museum bevindt zich voor het door 9/11 bekend geworden **firestation no. 10** 4 het lange tijd enige gedenkteken voor de slachtoffers van de terreuraanslag, een 18 m brede wand met de namen van alle doden. Een blijvend monument moet op het Ground Zero-terrein ook in 2013 zijn opgericht.

Vanaf Liberty Street zijn maar enkele stappen nodig om naar Broadway te komen. Daar loopt u, als u op weg gaat naar Wall Street, langs de **Trinity Church** 5 . Die is gesticht in 1696 en herbergt de oudste kerkgemeenschap van New York. Het neogotische bouwwerk uit 1846 is een van de mooiere kerken van de stad.

Een blik in het niets – vanuit het Millennium Hilton Hotel is het mogelijk een blik in de bouwput van Ground Zero te werpen

Centrum van wereldfinanciën

Direct tegenover Trinity Church begint Wall Street. De smalle straat is nog altijd het symbolische centrum van de financiële markten van de hele wereld, hoewel de handel op deze beursvloer nog maar marginaal is: de grote deals worden heden ten dage tamelijk onspectaculair per computer gesloten in kantoorparken in voorsteden waar de huurprijzen lager liggen. Maar toch is er bij de ingang van de beurs op de legendarische **Corner** 6, de hoek van Wall Street en Broad Street, bij het begin van de beurs om 9 en rond het slot van de beurs om 16 uur nog altijd iets van de flair te bespeuren van de dagen dat hier daadwerkelijk over het lot van de wereld werd beslist.

Veel van de grote bankinstellingen zijn na 11 september uit deze omgeving weggetrokken en tot nu toe niet teruggekeerd. In plaats daarvan herbergen de mooie wolkenkrabbers uit de jaren '10 en de jaren '30 van de 20e eeuw nu overwegend luxe appartementen. Maar in elk geval heeft bijvoorbeeld de Deutsche Bank zijn New Yorkse vestiging nog altijd aan **Wall Street** 7 en om de hoek, in Pine Street, zit ook nog AIG, een van de hoofdverantwoordelijken voor de crash van 2008.

Op korte afstand van de beurs werd in 2007 het **Museum of American Finance** 8 op Wall Street geopend. Dat museum heeft zeer snel op de financiële crisis gereageerd en informeert nu, naast de permanente tentoonstelling over de geschiedenis van de mondiale financiële markten, uitvoerig en begrijpelijk over crises en de oorzaken ervan tot op de dag van vandaag.

Openingstijden

Tribute World Trade Center Museum 3: 120 Liberty St., tel. 1 212 393 91 60, www.tributewtc.org, wo.-za. 10-18, di. 12-18, zo. 12-17 uur, $ 10. Hier kunt u ook een rondleiding over het terrein boeken: 11, 12, 13 en 15, za. ook om 16 uur, $ 10, kinderen gratis.
Museum of American Finance 8: 48 Wall St., tel. 1 212 908 41 10, www.moaf.org, di.-za. 10-16 uur, $ 8, kinderen $ 5, tot 11 uur is de entree gratis. Het museum organiseert ook rondleidingen door het Financial District.

Eten en drinken

Wie met mensen van de beurs en van de banken in hun pauze een kop koffie wil drinken, die gaat naar **Café Financier** 1, 62 Stone St., tel. 1 212 344 56 00, www.financierpatries. com (ma.-vr. 7-20, za. 8.30-18.30 uur). Vanuit Wall Street gaat u daarvoor William Street in, einde links en meteen rechts in Stone Street ligt dan het café. Verderop heeft deze straat een plaveisel van kinderkopjes; daar heerst een druk avondleven in de bars en restaurants.
Een klassiek café van de financials is **Harry's** 2 op **Hanover Square**, tel. 1 212 785 92 00, www.harrysnyc.com Harry's werd al bekend door Tom Wolfe's boek 'The bonfire of the vanities' en later door de film 'Wall Street' met Michael Douglas. Harry's (met restaurantdeel) heeft de flair van een echte oud-New-Yorkse beursjongenskroeg (ma.-vr. 11-23 uur).
Trinity Place 3 op de hoek van Broadway en Cedar Street kunt u onder de gewelven van een oorspronkelijk bankgebouw dineren; het restaurant ligt achter 35 ton ton zware kluisdeuren uit 1904. 115 Broadway, ingang Cedar Street, reserveringen op tel. 1 212 964 09 39, www.trinityplacenyc. com De keuken is van goede kwaliteit, de filet mignon staat voor $ 34 op de kaart, een glas tafelwijn kost $ 9.

③ Biotoop van de jonge bohème – East Village en Lower East Side

Kaart: ▶ C/D 8-10
Vervoer: subway 6 tot Astor Place

Studenten, kunstenaars, intellectuelen en daartussen een overblijfsel van de immigrantencultuur – deze bijzondere mengeling van mensen heeft ooit de charme bepaald van verscheidene New Yorkse 'neighborhoods'.

In grote delen van Manhattan is deze voedingsbodem van creativiteit ten offer gevallen aan de gentrification.

Interessante cafés en leuke kroegen zijn verdwenen, kleine, curieuze zaakjes maakten plaats voor de alomaanwezige ketenwinkels en het straatleven heeft duidelijk aan bontheid en excentriciteit ingeboet. In East Village – de wijk oostelijk van Broadway en ten zuiden van 14th Street – en in het nog wat zuidelijker gelegen Lower East Side heeft de geest van de bohème echter overleefd.

Meteen als u op **Astor Place** ■ uit de subway komt, kunt u die sfeer opsnui-

ven. Rondom het 'Alamo'-monument – een lelijke, modernistische kubus van staal – hangt de scene rond, muziek makend of skateboardend. Daarnaast staat meestal de 'Mud Truck', een oude VW-bus van hippiecafé Mud, waar koffie verkrijgbaar is.

Vanaf Astor Place loopt de slagader van East Village, St. Mark's Place, in oostelijke richting. Hier hebben van de jaren '50 tot in de jaren '80 beroemde kunstenaars en intellectuelen gewoond onder wie de anarchist Abbie Hoffman, zangeres Joni Mitchell en schrijver W.H. Auden. Tegenwoordig is St. Mark's Place nogal toeristisch geworden, het wemelt er van de souvenirwinkels en de tattoo-studio's. De charme van de oude East Village kunt u toch nog een beetje proeven als u in de shabby **Grassroots Tavern** ■ een goedkoop biertje neemt of ten oosten van Second Avenue bij **Café Orlin** ■ aanlegt.

Cultcafés en wonderlijke winkels

Slechts enkele passen hiervandaan bevinden zich aan Second Avenue twee iconen van de East Village-subcultuur. Op de hoek met 9th Street lonkt **Restaurant Veselka** ❸, oorspronkelijk een fastfood-restaurant van de Oekraïense immigranten die eens de wijk domineerden en die nog altijd goed vertegenwoordigd zijn. Veselka geniet al sinds de jaren '70 een cultstatus in de scene en is ook vandaag de dag nog een geliefd ontmoetingspunt, bij een bord blini (flensjes) of een kom borscht (rode bietensoep).

Direct tegenover Veselka staat de kerk **St. Mark's in the Bowery** ❷. Dit godshuis uit de 18e eeuw is sinds de jaren '30 van de vorige eeuw een centrum van politieke weerstand en alternatieve cultuur. Destijds organiseerden arbeiders zich hier tot een beweging. In de jaren '50 en '60 fungeerde de kerk voor beatniks en later voor hippies als ruimte voor bijeenkomsten en evenementen en ook een beetje als huis, als een eigen plek. Deze traditie wordt tegenwoordig nog door de kerk in ere gehouden, nu met allerlei subversieve politieke en artistieke evenementen. Op een bord aan het hek van de kerk

kunt u tot in detail de geschiedenis van de East Village lezen.

Langs First en Second Avenue zowel als in de dwarsstraten daartussen, tot aan Houston Street, bevindt zich een groot aantal platenzaken (vinyl dus), freakerige modeboetiekjes en kleine, charmante restaurants die niet duur zijn. Alles bij elkaar is het de moeite waard om rustig door deze wijk te flaneren.

Wieg van de punk en de new wave

Een monument voor de Amerikaanse punk, die in deze omgeving zijn oorsprong had, was tot voor kort **Punk-Club CBGB** ❸ in Bowery Street. Hier beleefden bands als de Ramones, en Blondie hun eerste optredens nadat mensen als Patti Smith de trend hadden gezet. Tegenwoordig zit hier een boetiek van het chique mannenmodemerk John Varvatos; binnen zijn nog wel enkele CBGB-gedenkwaardigheden tentoongesteld. In de naastgelegen galerie 'Morrison Hotel' is een permanente fototentoonstelling aan de geschiedenis van de CBGB en zijn bands gewijd.

Als u over Bowery Street verder zuidwaarts loopt, kruist u Houston Street,

La dolce vita – een bohèmecafé in de Lower East Side

de grens van de Lower East Side. De traditionele joodse immigrantenwijk is in de afgelopen tien jaar East Village achterna gegaan en ontwikkelde zich tot hip uitgaanscentrum van een jonge scene.

In het centrum van de avantgardistische kunst

In het tweede block voorbij Houston Street staat het recente **Museum for Contemporary Art** ▟. Het spectaculaire gebouw van het Japanse architectenbureau Sanaa, dat er uitziet als een slordige stapel dozen, is bekroond met de zeer prestigueuze Pritzker Architecture Prize 2010. Zelfs als hedendaagse kunst niet uw grootste liefde is zou u even de tijd moeten nemen dit gebouw te bekijken en misschien even een stop maken in het museumcafé.

In de slip-stream van het nieuwe museum is op de Lower East Side een circuit van alternatieve galeries ontstaan. Die kunstwinkels zijn wijd verspreid, bij het zoeken er naar leert u aardig de wijk kennen. Een kaart met de ligging van de galerieën is te printen vanaf de wijkwebsite: www.lowereastsideny.com of in het museum verkrijgbaar. Hoogtepunten zijn de gallery's **Reena Spaulding** ▟ en **Participant Inc.** ▟. In deze galeries bevindt u zich in het centrum van de nieuwste trends in de kunst van New York.

Nachtleven

Na het invallen van de duisternis verandert de Lower East Side in een borrelende uitgaanswijk voor met name jonge nachtvlinders. Waarschijnlijk is er nergens in New York zo'n grote concentratie van clubs met livemuziek; vaak gaat het om indie-rock of alternatieve rock. De populairste podia zijn **Bowery Ballroom** ▟, **Pianos** ▟, **Mercury Lounge** ▟ en **Living Room** ▟; in die laatstgenoemde tent begon onder andere de carriere van Norah Jones. Voor een wat exotischer genoegen beveel ik de **Slipper Room** ▟ aan; daar wordt een frivole Burlesque-show opgevoerd – dit ouderwetse Amerikaanse fenomeen heeft de laatste jaren weer een plaatsje in het cultentertainment van New York.

Sporen van immigranten

Een inkijkje in het leven van de Oost-Europese, veelal joodse immigranten die in de voorbije eeuwen hun stempel op deze wijk hebben gedrukt, biedt het **Lower East Side Tenement Museum** ▟. Het museum organiseert wandelingen door de wijk waarbij onder meer een immigrantenwoning in oorspronkelijke toestand word bezocht. Andere zichtbare overblijfselen uit het verleden: **Katz's Delicatessen** ▟, een nationaal instituut (sinds 1888) waar u, indien geen vegetariër, een *pastrami-sandwich* met mosterd zou moeten proberen; enkele stappen verder in Houston Street **Yonah Schimmels** ▟, waar u de klassieke New Yorkse *knishes* (kippenlever in deeg) kunt bestellen; en tenslotte **Guss' Pickles** ▟, een honderd jaar oude joodse zaak waar, naar grootmoeders recept, augurken worden ingemaakt in vaten.

Eten en drinken

Grassroots Tavern ▟: St. Mark's Place, tel. 1 212 475 94 43, dag. 16-4 uur. **Café Orlin** ▟: 41 St. Mark's Place, tel. 1 212 777 14 47, dag. 9-2 uur. **Veselka** ▟: 144 2nd Ave., tel. 1 212 228 96 82, 24/7 open.

Shopping

De Lower East Side is in de afgelopen jaren ook uitgegroeid tot winkelgebied voor extravagante mode. Vooral langs Elizabeth Street/Orchard Street rijgen de buitengewone boetieks zich aaneen, veelal met collecties van jonge ontwerpers. Een tip: **Dressing Room** van de ontwerper Nikki Fontanella  in Orchard Street op nr. 75a, tel. 1 212 966 73 30, www.thedressingroomnyc.com (do.-za. 13-2, zo., di./wo. 13-24 uur), een mengeling van trendy café en boetiek met mode van diverse moderne ontwerpers.

Uitgaan

Bowery Ballroom ❶: 6 Delancey St., Informatie op tel. 1 212 533 21 11, www.boweryballroom.com en in het tijdschrift Time Out. Elke avond livemuziek vanaf 20 uur, hoofdact vanaf 22 uur.

Pianos ❷: 158 Ludlow St., tel. 1 212 505 37 33, www.pianosnyc.com. Concerten op twee verdiepingen, reserveren niet nodig, entree vanaf $ 8.

Mercury Lounge ❸: 217 East Houston St., tel. 1 212 260 47 00, agenda op: www.mercuryloungenyc.com Avondconcerten vanaf 20 uur.

Living Room ❹: 154 Ludlow St., www.livingroomny.com. 's Avonds concerten vanaf 20 uur.

Slipper Room ❺: 167 Orchard St., tel. 1 212 253 72 46, www.slipperroom.com Avondshows vanaf 23 uur, entree $ 10.

Immigrantensporen

Lower East Side Tenement Museum ❼: 108 Orchard St. hoek Broome, tel. 1 212 431 02 33, www.tenement.org. Volwassenen $ 20, studenten en ouderen $ 15. Rondleidingen zijn er dagelijks tussen 10.30 en 17 uur.

Katz's Delicatessen ❹: 205 East Houston St., hoek Ludlow, tel. 1 212 254 22 46, www.katzdeli.com. Een nationaal instituut waarvan de roem deels berust op de pastrami-sandwich met mosterd.

Yonah Schimmels ❺: 137 East Houston St., hoek Forsyth, tel. 1 212 477 28 58, www.knishery.com

Guss' Pickles ❻: 87 Orchard St., tel. 1 212 334 36 16, www.gusspickle.com Joodse delicatessenzaak gespecialiseerd in ingelegde augurken.

Kunst

Museum of Contemporary Art ❹: 235 Bowery St., tel. 1 212 219 12 22, www.newmuseum.org, do./vr. 12-21, za./zo. 12-18 uur, $ 12, ouderen $ 10, studenten $ 8, onder 18 jaar gratis.

Galerie Reena Spauling ❺: 165 East Broadway, tel. 1 212 477 50 06, www.reenaspaulings.com, do.-zo. 12-18 uur.

Participant Inc. ❻: 235 Houston St., www.participantinc.org, wo.-zo. 12-19 uur.

Ludlow 38 ❽: een alternatieve kunsthal van het Goethe-Instituut in New York, 38 Ludlow St, tel. 1 212 228 68 48, www.ludlow38.org, do.-zo. 13-18 uur. Met Ludlow 38 heeft het Goethe-Instituut zich in de afgelopen jaren tot belangrijke speler in de New Yorkse avantgarde-kunstscene ontwikkeld.

④ Historische charme en yuppie-chic – Greenwich Village

Kaart: ▶ B/C 8/9
Vervoer: subway A, B, C, D, E, F tot West Fourth Street

Greenwich Village, ruwweg het gebied ten zuiden van 14th Street en ten westen van Broadway, draagt zijn naam met recht: de bijna doolhofachtige buurt van straatjes met kinderkopjes en omzoomd door bomen, de kleine winkels en de intieme cafés, de hooguit vier verdiepingen tellende, liefdevol gerestaureerde oude gebouwen – dat alles bij elkaar wekt de sfeer op van een charmant dorpje middenin de grote stad.

De oude New Yorkse buurt – de oorsprong ligt in de 17e-eeuwse Nederlandse boerderij Groenwijck – was in de 20e eeuw bijna voordurend een magneet voor kunstenaars en intellectuelen: van schrijver Mark Twain eind 19e eeuw tot Bob Dylan in de jaren '60 en '70. Sporen van deze perioden zijn weliswaar nog altijd te vinden maar in de afgelopen tien jaar heeft de Village zich tot een van de duurste en dus exclusiefste woonwijken van de stad ontwikkeld. Dichters en muzikanten kunnen zich de Village niet meer veroorloven; in hun plaats kwam de elite van de jonge professionals hier wonen, vermengd met prominenten uit allerlei sectoren. Football-ster Tom Brady woont hier met topmodel Giselle Bündchen, Sex-and-the-City-meisje Sarah Jessica Parker heeft hier een pied-à-terre, net als sterfotografe Annie Leibovitz en zelfs Hooggerechtshofrechter Sonia Sotomayor.

Hippie-flair en herenhuizen

Een rondwandeling door de Village begint u het beste op **Washington Square Park** 1 in het hart van de wijk. Eens was het parkje het centrum van de New Yorkse hippiebeweging en iets van de flair van de jaren '60 en '70 heerst hier nog wel: straatmuzikanten, studenten van de aangrenzende New York University, skaters, autochtone buurtbewoners die een potje schaak spelen – bij lekker weer laat een middag zich hier op een ontspannen wijze verboemelen.

In het park is het de moeite waard langs de noordrand te lopen omdat die bebouwd is met een rij van de oudste en beroemdste **herenhuizen** 2 van New York, gebouwd rond 1830. Hier woonden onder meer de schrijvers Henry James en Edith Wharton en enkele van hun bekendste romans spelen in de Village. Henry James heeft aan zijn toenmalige thuishaven zelfs een eigen werk gewijd: 'Washington Square'. Hier kun je een beetje het gevoel krijgen hoe het in New York was voor het een moderne supermetropool werd. Tegenwoordig herbergt de 'Row' kantoren van de universiteit. Een soortgelijke uitstraling heeft **Washington Mews** 3, de voormalige koetshuizen langs een kinderkopstraatje achter de herenhuizen, zeer geliefd als woning onder hoogleraren van de New York University.

Voorbij de Row begint Waverly Place, een straat die u in westelijke richting gaat volgen tot u bij Sixth Avenue komt. Vier zijstraten in noordelijke richting (over Sixth Ave) ligt op de hoek van 11th Street café **French Roast** 1, veelvuldig het decor van de tv-serie Sex and the City. We raden echter aan om al op West 10th Street linksaf te gaan en in de kleine espressobar **Jack's Stir Brew Coffee** 2, net voorbij de kruising met Greenwich Avenue, een overheer-lijke kop koffie te nemen en daar de echte Village-atmosfeer op te snuiven.

Monument voor de homobeweging

Enkele stappen verder bereikt u Seventh Avenue en van daaraf een block zuidwaarts **Sheridan Square** 4. Hier begonnen in 1969 de 'Stonewall Riots', de opstand van de homoscene in de Village tegen discriminatie en politiegeweld. Die 'riots' vormen een mijlpaal voor de Amerikaanse homobeweging, zoals tegenwoordig gememoreerd door een monument op Sheridan Square. In westelijke richting voert **Christopher Street** 5, tot op heden een biotoop van de homo-subcultuur met talrijke gaycafés en eroticawinkels.

Vanaf Sheridan Square loopt u linksaf Grove Street in tot Bedford Street, in het historische hart van Greenwich Village. Hier komt u langs enkele van de mooiste oude huizen van New York. Let vooral op nr. 17 van Grove Street en nr. **75 ½ Bedford Street** 6 uit 1873, het smalste huis van Manhattan. Werpt u ook een blik in **Commerce Street** 7, een kleine zijstraat vanaf Bedford Street; de nummers 39 tot 41 uit 1832 vormen enkele van de bekendste voorbeelden van de architectuur van de vroege 19e eeuw. Daar ligt ook het kleine en charmante **Cherry Lane Theater** verstopt, waar voor de deur de laatste gaslantaarn van New York brandt.

Bijzondere eetgelegenheden in leuke straatjes

Bedford Street is een van de mooiste (en duurste) woonstraten van New York. Als u over het smalle trottoir van Bedford Street verder kuiert komt u bovendien voorbij talrijke cafés en, als u Seventh Avenue bent overgestoken, ook enkele van de beroemdste restaurants van de stad – het **Blue**

Washington Square Park

Ribbon Café 3 bijvoorbeeld en '**ino café/bar** 4, dat enkele van de beste Italiaanse wijnen serveert samen met kleine Italiaanse lekkernijen.

Een paar passen terug kunt u rechts afslaan Carmine Street in. Daar bevinden zich enkele platenwinkels en boekhandels die tenminste nog een beetje aan de Village van de kunstenaars en de schrijvers herinneren. In het **Grey Dog Café** 5 kunt u in een studentikoze atmosfeer een snack bestellen voor een vriendelijke prijs. Carmine Street komt uit op Bleecker Street, waar het mogelijk is sporen te ontdekken van de oude Italiaanse bevolking die eens zijn stempel drukte op dit deel van de Village. Een indruk van hoe het vroeger was krijgt u in bakkerij **Roccos** 6 in Bleecker Street, waar u voor een echte Siciliaanse cappucino en smakelijke oorspronkelijk Italiaanse zoetigheden terecht kunt.

Jazz in de Village

Greenwich Village is de bakermat van een paar van de beroemdste jazzclubs van New York. In **Village Vanguard** 1 en in de **Blue Note** 2 hebben alle groten van de jazz gespeeld, van Louis Armstrong via Charlie Parker tot Wynton Marsalis; en ook tegenwoordig nog staan hier de grote namen uit de jazz als gast op het programma. Beide clubs zijn echter behoorlijk prijzig. Onze tip voor het wat bescheidener budget: **Smalls** 3 ligt in een onbeduidende kelderruimte aan 10th Street en hier kunt u in het weekeinde eersteklas jams horen voor $ 20, zo lang als u maar wilt.

Andere kleine, intieme podia zijn **Bar55** 4, de **Jazz Gallery** 5 en het **Cornelia Street Café** 6. De nieuwste aanwinst in de Village-muziekscene is het hippe **Poisson Rouge** 7, een lounge met een zeer eclectisch maar altijd avantgardistisch programma en een uitgesproken excentriek decor. Hier komt een jonge, nogal elitaire scene bijeen. Voor het actuele programma kijkt u in de evenementenagenda van Time Out New York: www.newyork. timeout.com/section/music.

Kroegen

In de Village wemelt het van de cafés en bars. Vele daarvan zijn vooral in het weekend zeer druk en luidruchtig.

Twee traditionele kroegen zou toch eigenlijk niet moeten overslaan: de **White Horse Tavern** 8 op Hudson Street (567), ooit een tefpunt van schrijvers waar dichter Dylan Thomas zich dood zou hebben gedronken; evengoed een Village-klassieker is de **Ear Inn** 9 (zie blz. 107), vroeger bekend als de Green Door, in Spring Street, dat is ondergebracht in een huis uit 1817; de architectuur uit de zogenaamde *federal era* valt onder monumentenzorg.

Eten en drinken

French Roast 1: Sixth Ave. hoek 11th St., tel. 1 212 533 22 33, 24 uur geopend.
Jack's Stir Brew Coffee 2: klein charmant café met excellente koffie, 138 West 10th St. tussen Greenwich Ave. en Waverly Place, tel. 1 212 929 08 21, dag. 8-19 uur.
Blue Ribbon Café 3: 14 Bedford St. hoek Downing St., tel. 1 212 647 04 08, di.-vr. 16-2, za./zo. 11-2 uur. Blue Ribbon is een exquise tapas- en wijnbar, tafelwijn vanaf $ 10, de ongewone tapas heeft u vanaf $ 15. Onder het grote gewelf is meestal wel een tafeltje vrij, reserveren zou dus alleen voor de zekerheid zijn.
'ino café/bar 4: 21 Bedford St. bij Downing St., tel. 1 212 989 57 69, dag. 9-2 uur. (Enoteca) 'ino heeft maar vijf tafels, in het weekend is het daarom nogal lastig om een plaats te krijgen.
Rocco's Pastry Shop 5: 243 Bleecker St., tel. 1 212 242 60 31, zo.-do. 7.30-24, vr./za. 7.30-1 uur.

Jazz in de Village

Village Vanguard 1: 178 South Seventh Ave., reserveren tel. 1 212 255 40 37, programma te vinden op www. villagevanguard.com of in de dagbladen. Elke avond concerten om 21 en 23 uur, deur open vanaf 20 uur, tickets $ 35 incl. $ 10 voor drankjes.
Blue Note 2: 131 West 3rd St., reserveringen telefonisch op tel. 1 212 475 85 92 of via internet op www.bluenote. net. Elke avond sets om 20, 22.30 en 0.30 uur, tickets afhankelijk van de acts tussen $ 15 en 25. De Blue Note organiseert op zondag ook jazzbrunches.
Smalls 3: 183 W. 10th St., www. smallsjazzclub.com
Bar55 4: 55, Christopher St., www. 55bar.com
Jazz Gallery 5: 290, Hudson St., www. jazzgallery.org
Cornelia Street Café 6: 29, Cornelia St., www.corneliastreetcafe.com
Poisson Rouge 7: 158, Bleecker St., www.lepoissonrouge.com

⑤ Luxe winkelen en uitgaan – Meatpacking District en High Line

Kaart: ▶ B 6-7
Vervoer: subway A, C, E, L tot 14th Street/Eighth Avenue

Het Meatpacking District heeft recentelijk een ingrijpende verandering ondergaan. Midden jaren '90 liepen hier nog de slachters rond met hun bloederige schorten en fungeerde het gebied 's avonds als tippelzone met travestieten en motorrockers die hier hun kroegen hadden. Nu is deze wijk tussen Chelsea en Greenwich Village getransformeerd tot dé place to be om te winkelen en om elegant uit te gaan.

Wie wel eens Sex and the City heeft gezien kent het Meatpacking District al wel. De vier vrouwen uit de populaire tv-serie houden ervan om door de kasseienstraatjes van het voormalige slachthuisgebied te struinen, bij luxe boetieks als **Darling** ① of **Diane van Fürstenberg** ② te winkelen, aan de bar van Hotel Gansevoort,

Provocateur ①, een drankje te nemen of in de nachtclub **Cielo** ① te gaan dansen.

Wandelen over de daken van de stad

Het duidelijkste symbool van de metamorfose van 'het Meatpacking' is de pas in 2009 geopende 'High Line'. De High Line was lange tijd een ongebruikt, wegrottend luchtspoor dat vroeger vrachttreinen veilig over Manhattans westkant loodste. Een initiatief van omwonenden kon voorkomen dat de al lang geplande sloop doorging en bewerkstelligde de ombouw van spoorweg tot een buitengewoon soort openbaar park. De door sterarchitectenduo Diller en Scoffidio ontworpen promenade 20 m boven de stad is nu een van de superattracties van Manhattan.

De beste manier om de High Line te ervaren is om er van zuid naar noord overheen te lopen. Daarvoor neemt u de opgang aan **Gansevoort Street** **1**. Vanaf daar wandelt u 1 km boven de stad. Het uitzicht op de skyline van Manhattan rechts en over de Hudson links wisselt regelmatig. Bankjes en traptreden nodigen uit tot een picknick onderweg.

Hoogtewandeling is tevens architectuur- en kunstroute

De wandeling over de High Line is ook een sightseeingtocht langs de nieuwste architectuur van New York. De High Line zelf hoort daartoe, maar bijvoorbeeld ook het nieuwe **Standard Hotel** **2** ontworpen door Polshek-Partnership en gebouwd boven de High LIne. Verder noordwaarts staan aan de linkerkant, langs de Hudson, splinternieuwe **kantoorgebouwen** van toparchitecten **Frank Gehry** **3** (IAC, zie blz. 77) en **Jean Nouvel** **4**.

Eveneens direct aan de High Line, ter hoogte van 15th Street, bevinden zich in de Milk-Studios de zalen van kunstveiling **Phillips de Pury** **5**. Het New Yorkse veilinghuis laat in permanente exposities altijd de werken zien die in die periode worden geveild of die bij een volgende veiling onder de hamer komen. Zulke tentoonstellingen zijn vaak de beste gelegenheid om gratis meesterwerken te kunnen bekijken.

Momenteel eindigt de High Line bij 20th Street, het is echter de bedoeling de promenade verder naar het noorden uit te breiden. Hoe dan ook, we bevelen aan om terug te lopen en bij 16th Street af te dalen. Direct onder de High Line ligt de **Chelsea Market** **2** – een grote overdekte markt met delicatessenwinkels, cafés en espressobars.

Luxe winkelen als in Sex and the City

Aangesterkt kunt u beginnen aan een shoppingexpeditie door Meatpacking District. Het aantal boetieks is inmiddels te groot om ze allemaal te noemen. Een klassieker die echter in geen geval mag worden overgeslagen is **Jeffrey** **3** in 14th Street. Deze boetiek was een van de eerste in dit gebied en voert een breed scala aan designermerken. Beroemd werd Jeffrey evenwel vooral door zijn salon met extravagante schoenen.

Ook restaurants zijn er te veel om op te noemen. Onze tip: neem bij mooi weer een drankje op het royale terras van het chique **Maritime Hotel** **3**. Wie aansluitend wil dineren in een van de restaurants die het Meatpacking District beroemd hebben gemaakt, die gaat of naar **Pastis** **4**, dat zijn bekendheid niet in de laatste plaats ontleent aan Woody Allens film 'Melinda en Melinda', of naar de **Spice Market** **5** van topkok Jean Georges Vongerichten. Beide gelegenheden zijn echter inmiddels nogal overlopen en erg duur. Als alternatief adviseren we het kleine maar originele **Fatty Crab** **6** in Hudson Street, dat een zeer interessante interpretatie van de Maleise keuken presenteert. Het is er klein en intiem, de sfeer is ontspannen en het eten is eersteklas.

's Avonds wordt Meatpacking overgenomen door het jonge partycircuit. De wijk herbergt tientallen nachtclubs waarvoor op de stoep lange rijen goedgeklede mid-twintigers wachten. Aan te bevelen is het intieme **APT** **2**, dat geen dure entree vraagt en geen portier heeft. De ingang aan 13th Street is niet aangegeven en de ruimte stelt niet veel meer voor dan een bar met een dj-hoekje. De sfeer is nonchalant en cool en hier draaien enkele van de beste dj's van New York.

Galeriecultuur in Chelsea

In de voormalige opslagplaatsen langs de Hudson in de wijk Chelsea is gedurende de laatste 15 jaar de commerciële kunstwereld van New York neergestreken. Tussen Tenth en Eleventh Avenue en tussen 20th en 28th Street liggen rond de 400 eersteklas kunstgaleries zij aan zij.

Op zaterdagmiddag langs de galeries te slenteren en te kijken wat er aan nieuws op de kunstmarkt is, hoort in New York tot de favoriete bezigheden.

Tijdens zo'n tochtje ziet men zowel grote meesterwerken als de nieuwste trends. De meest gerenommeerde galeriehouders zijn Gagosian, Matthew Marks en Gladstone in 24th Street en Pace Wildenstein in 22nd Street.

Aansluitend op de kunsttour drinkt men een glas in **The Half King** ⑦, de kroeg van schrijver Sebastian Junger.

• •

Informatie

Een overzicht van winkels, cafés en restaurants in het Meatpacking District krijgt u op de website van de middenstandersvereniging: www.meatpacking-district.com. Een plattegrond is in alle winkels van het gebied verkrijgbaar.

Een gids met de actuele tentoonstellingen kunt u in elke galerie oppikken. Die agenda staat ook in in het stadsmagazine Time Out. **Galeriewijk Chelsea, B6**, subway A tot 23rd St., http://chelseagallerymap.com

Openingstijden

Het **High Line Park** ① is dagelijks van 7-22 uur toegankelijk.

Phillips de Pury ⑤: 450 West 15 St., tel. 1 212 940 12 00, www.phillipsdepury.com, ma.-za., 10-17, zo. 12-17 uur. Op de website staat informatie over de actuele tentoonstellingen.

Winkelen

Darling ①: www.darlingnyc.com
Diane van Fürstenberg ②: www.dvf.com
Schoenensalon Jeffrey ③ : 449 West 14th St. tussen Ninth en Tenth Ave., tel. 1 212 206 12 72, www.jeffreynewyork.com, ma.-wo., vr. 10-21, do. 10-19, za./zo. 12.30-18 uur.

Eten en drinken

Provocateur ①: www.provocateurny.com
Chelsea Market ②: 75 Ninth Ave., tel. 1 212 620 75 00, www.chelseamarket.com, ma.-vr. 7-21, za. 7-19, zo. 8-18 uur.
The Maritime Hotel ③: 363 West 16th St., tel. 1 212 242 43 00, www. themaritimehotel.com. Bar met terras La Bottega dag. 7-24, do. tot 3 uur 's morgens, vr./za. tot 4 uur.
Pastis ④: www.pastisny.com
Spice Market ⑤: www.spicemarketnewyork.com
Fatty Crab ⑥: 643 Hudson St., tel. 1 212 352 35 90, www.fattycrab.com, ma.-wo. 12-24, do. /vr. 12-2, za./zo. 11-2 uur. Reserveren noordzakelijk. Op de kaart staan kleine probeergerechten waarvan je er, als je met zijn tweeën eet, vijf tot zeven stuks deelt.
The Half King ⑦: 505 tot 507 West 23rd St., tel. 1 212 462 43 00, www.thehalfking.com

Uitgaan

Cielo ①: www.cieloclub.com
Nachtclub **APT** ②: 419 West 13th St., tel. 1 212 414 42 45, di.-za. 19-4, zo./ ma. 21-4 uur. Let op: de ingang is niet gemarkeerd, de gevel ziet er uit als was het een slagerij!

⑥ Het hart van Manhattan – Times Square

Kaart: ▶ D 4-5
Vervoer: subway A, C, E, N, Q, S, 2, 3, 7 tot Times Square

Als Manhattan ergens een centrum heeft dan is het wel op Times Square, het wereldberoemde kruispunt van Broadway en Seventh Avenue met 42nd Street. De zonder onderbreking fonkelende LED- en neongevels, die het plein 's nachts bijna net zo verlichten als het daglicht dat doet, de toeterende taxi's, de straathandelaren, het gedrang op de trottoirs, het elegant geklede theaterpubliek – dat alles vormt samen een van de klassieke New-York-ervaringen.

Times Square, genoemd naar de grote New Yorkse krant die hier tot voor kort nog resideerde, heeft in de afgelopen 15 jaar een immense verandering doorgemaakt. Het wereldberoemde New Yorkse theaterdistrict werd na de jaren '70 steeds armoediger. Prostitutie, drugshandel en pornografie beheersten het straatbeeld.

Totdat de stad in de jaren '90 besloot om in een gezamenlijke actie met het bedrijfsleven haar beroemdste plein schoon te vegen.

Tegenwoordig is deze strook in het centrum van Manhattan door elegante, moderne wolkenkrabbers omzoomd. De buurt is veilig en gezinsvriendelijk geworden en wordt hoofdzakelijk door toeristen en kantoorpersoneel bevolkt. De dealers en prostituées zijn verdwenen. Rond het plein hebben zich allerlei grootschalige 'funwinkels' gevestigd zoals het chocoladeparadijs van de bekende fabriek **Hershey's** ❶ of de speelgoedwinkelketen **Toys R Us** ❷.

Een bestorming van de zintuigen

De ware aantrekkingskracht van Times Square ligt echter niet in het winkelen maar in het leven op straat. De massa van mensen en verkeer die zich over het plein wurmt, resulteert met de lichtjeszee en de drukte van de hande-

46

laren en de straatartiesten op de voet-gangerszones in een overweldigende aanval op de zintuigen.

Niet zo lang geleden hebben ook de stedenbouwkundigen erkend dat de attractie van Times Square het plein zelf is. Daarom hebben ze midden op het verkeerseiland in Broadway, op het Father Duffy Square, een door het Australische bureau Choi Ropiha vindingrijk ontworpen **tribune** [1] laten bouwen; het is het dak van de ticketkiosk TKTS (zie hieronder). De rood verlichte tribune stelt mensen in staat de drukte van het plein en alle flitsende reclame in betrekkelijke rust op zich in te laten werken. Verder werden enkele delen van Broadway, waaronder Times Square, afgesloten voor verkeer; die veranderden in voetgangerszones en werden met tafels en stoelen gemeubileerd. Het was in eerste instantie een buitengewoon stedenbouwkundig experiment dat verrassend goed uitpakte. De New Yorkers waren zeer enthousiast. In 2010 is besloten dat de *plazas* permanent zouden worden. Je hier neer laten zakken en de neonreclames en lichtkranten bekijken is een van de leukste manieren om Times Square op je in te laten werken.

Buurt van de musicals en de muziekhandels

Onder de rode tribune zit de kaartjeskios **TKTS** [1] waar kaartjes gekocht kunnen worden voor elke musical die en elk toneelstuk dat in een van de 39 klassieke theaters rondom het plein loopt. Op de dag van de uitvoering zijn hier in prijs gereduceerde tickets te koop voor de grote revue's die met de naam Broadway zijn geassociëerd, voorstellingen waarvan velen vinden dat zo'n show eenvoudigweg bij een New York-reisje hoort.

In deze traditionele theaters rond Broadway lopen permanent enkele

tientallen voorstellingen, van musical-klassiekers als 'Phantom of the opera', 'Chicago' en 'Lion King' tot serieuze theaterstukken zoals Arthur Millers 'View from the Bridge'.

Velen hebben de kritiek geuit dat het plein door de opknapbeurt zijn karakter zou hebben verloren. Geheel verdwenen is de individualiteit van het oude Times Square echter niet ondanks de veranderingen. Zo zitten in 48th Street, de zogenaamde **Musician's Row**, nog altijd de oude muziekzaken waar de orkestleden van de Broadway-shows hun instrumenten laten repareren en hun bladmuziek kopen. Tot de bekendste horen **Rudy's Music Stop** [3] en **Manny's Music** [4]. En in de zijstraten zijn er nog altijd de lang geleden gevestigde kroegen die het niet uitsluitend van de toeristen moeten hebben. In **Jimmy's Corner** [1] in 44th Street bijvoorbeeld komt al tientallen jaren een mix van New-York-Times-verslaggevers, boksers en penose; daar krijg je een indruk van hoe het er er vroeger rondom Times Square aan toeging, toen het nog een rauwe omgeving was.

Eten in de buurt

Op Times Square zelf zijn er overwegend fastfoodrestaurants die te duur zijn en niet erg aanbevelenswaardig. In 46th Street tussen Eight en Ninth Avenue rijgen zich de restaurants aaneen die voor en na het theaterbezoek worden gefrequenteerd. Daar eet je behoorlijk, meestal Italiaans of Amerikaans, maar toch ook wel relatief duur. Wie bereid is nog iets verder te lopen, naar Ninth Avenue, vindt daarentegen tussen 44th en 50th Street een aardig aantal veel interessantere adresjes; het zijn wat meer exotische restaurants met redelijke prijzen zoals het Franse **Bistro Marseille** [2], de Griek **Uncle Nick's** [3] of de Puertoricaan **Old San Juan** [4].

⑥ Times Square

Livemuziek

Dichter bij Times Square, in 44th Street hoek Eighth Avenue, ligt een van de beroemdste jazzclubs van New York: **Birdland** ▣ werd door een van de grootste jazz-saxofonisten ooit, Charlie 'Bird' Parker, opgericht en biedt avond aan avond concerten met enkele van de betere muzikanten van de stad.

Musical/theater

Wie het geen probleem vindt zich te laten leiden door het last-minute-aanbod, koopt bij de ticketkiosk TKTS midden op Times Square kaartjes voor een voorstelling diezelfde avond. Wie een bepaalde voorstelling wil zien die kan thuis al via internet tickets bestellen (betalen met creditcard). De website www.broadway.com informeert uitvoerig over het gehele aanbod.

Winkelen

Hershey's ▣: 1593 Broadway hoek 48th St., tel. 1 212 581 91 00, www. hersheys.com, dag. 9-24 uur.
Toys R Us ▣: 1514 Broadway hoek

Gekkigheid

De firma **Ripley's Believe it or not** ▣, gespecialiseerd in bizar en ongelooflijk, heeft in 2007 opnieuw zijn museum op Times Square geopend. Ripley's etc. probeert de geest van het vroegere plein terug te brengen. Dergelijke rariteitenkabinetten waren tot aan de Tweede Wereldoorlog in de mode.

44th Street, www3.toysrus.com, Times Square, zo.-do. 10-22, vr. 10-23, za. 9-23 uur.
Rudy's Music Stop ▣: 169 West 48th Street, www.rudysmusic.com
Manny's Music ▣: 156 West 48th Street, www.mannysmusic.com

Eten en drinken

Jimmy's Corner ▣: 140 West 44th St., tel. 1 212 221 95 10, dag. 11-4 uur.
Bistro Marseille ▣: 44th Street, tel. 1 212 333 23 23, www.marseillenyc.com Diner dag. 17-24 uur.
Uncle Nick's ▣: Ninth Ave. tussen 50th en 51st St., tel. 1 212 245 79 92, www.unclenicksgreekrestaurant.com Dag. 12-23 uur.
Old San Juan ▣: Ninth Ave. hoek 51st St., tel. 1 212 262 67 61. Zo.-do. 11-23, vr./za. 11-2 uur.

Uitgaan

Birdland ▣: 44th St. tussen Eighth en Ninth Ave., reserveringen op tel. 1 212 581 30 80 of online op www.birdland jazz.com. Kaarten kosten tussen $ 20 en 50. U zit er aan een tafel en wordt geacht voor tenminste $ 10 te verteren.

Museum

Ripley's Believe it or not ▣: 234 West 42nd St. tussen Seventh en Eighth Ave., dag. 9-1 uur, entree $ 29,95 voor volwassenen, $ 22,95 voor kinderen van 4 tot 12 jaar. Als u de kaartjes online koopt betaalt u 15% minder.

Kaart: ▶ E 5
Vervoer: subway 4, 5, 6, 7, S tot Grand Central

De ondergrondse van New York is een microkosmos van de stad. Nergens anders kun je zo rechtstreeks de ziel van New York gewaarworden en de energie voelen.

De subway is een rariteitenkabinet van de New Yorkse maatschappij. Vijf miljoen New Yorkers met de verschillendste sociale en etnische komaf maken er dagelijks gebruik van en kunnen elkaar in de soms volgestampte wagons niet ontlopen. In de subway worden New York en zijn inwoners tastbaar zoals nergens anders. Er is geen betere manier om je in deze stad onder te dompelen dan in het spitsuur de A-train te nemen of door in de massa door de lange gangen van station Times Square je naar de aansluitende trein te haasten.

Vermoedelijk zult u zich tijdens uw New Yorkbezoek toch wel overwegend met de subway verplaatsen. Maar desondanks raden we u aan om u een paar uur de tijd te gunnen om de New Yorkse ondergrondse bewust te beleven.

De glans van een teloorgegaan tijdperk

Een ideaal uitgangspunt hiervoor is het New Yorkse pronkstation **Grand Central Terminal** 1. Hier komen alle vervoerslijnen van de stad samen, die in Oost-Westrichting en die in Noord-Zuidrichting plus de pendeltreinen uit de voorsteden. Het pompeuze beaux-artsgebouw uit 1913 is eind 20e eeuw volledig gerenoveerd; de grootse hal met de beroemde wit-opalen klok, de 'Big Ben' van New York, de hoge kathe-

49

draailachtige vensters en de reusachtige kroonluchters, straalt de elegantie uit van een voorbije periode – van de *gilded age* in de late 19e eeuw. Het is een typisch New Yorkse belevenis als u vanaf het uitzichtbalkon de sfeer in u opneemt en de drukte in de hal gadeslaat.

Een museum onder de grond

Twee verdiepingen lager kunt u vanuit de grote hal van het Grand Central direct in de subway afdalen. Net als het station was de New Yorkse subway in de jaren '70 bijna volkomen verloederd. Daarna werd het meer dan 100 jaar oude netwerk gerestaureerd, zij het station voor station.

Onderdeel van het restauratieprogramma was dat er voor elk gesaneerd station een opdracht voor een kunstwerk werd verstrekt. Op die manier is een fenomenaal ondergronds museum ontstaan: 215 stations zijn uitgerust met werken van kunstenaars van naam, kunstenaars die voor een deel ook in de grote musea van de wereld hangen. Die artiesten zijn hier in de New Yorkse subway voor iedereen bereikbaar – toegang slechts $ 2,25.

Voor het maken van een New Yorkse subway-tour kan het een idee zijn om op die stations af te gaan die zulke topwerken te bieden hebben. De subwaytocht wordt dan een culturele totaalbeleving.

In het ritme van de stad

Het eerste station om te stoppen is van hieruit **Times Square 2**, waar u met de shuttle line S naartoe kunt. Daar hangt in de overgang van de lijnen 1 en 2 naar lijn S het meest symbolische stuk subway-kunst van New York, de 10 m brede muurschildering 'Times Square' van de popart-kunstenaar Roy Liechtenstein. Het is een hommage aan de subway en aan de stad. Onder deze

mural speelt een bandje of jongeren schotelen wat breakdance voor, terwijl de meeste mensen gehaast voorbijlopen. Op deze plek krijg je gemakkelijk het gevoel in het centrum van de New Yorkse subwaybedrijvigheid te staan.

Een ander hoogtepunt van de ondergrondse kunstverzameling is de grote **mural 3** van Sol Le Witt op station Columbus Circle, dat vanaf Times Square met lijn 1 in enkele haltes bereikbaar is.

Andere subway-kunstwerken die u in geen geval zou mogen missen zijn de vrolijke **bronzen beelden 4** van Tom Otterness aan lijn A op station 14th Street en het grote mozaïek **Blooming 5** van Elizabeth Murray, die in 2003 een eigen tentoonstelling had in het Museum of Modern Art. Elizabeth Murray heeft grote werk aangebracht in een doorgangsruimte op station 59th Street van lijn 6, direct onder het beroemde warenhuis Bloomingdale's; vanaf Grand Central Terminal in twee stops te bereiken.

Wie echt warm loopt voor de metrokunst kan natuurlijk met gemak een dag zo vullen. Op bijna elk station op Manhattan is een kunstwerk te zien en zelfs ver afgelegen stations als Coney Island zijn door de kunstenaars niet overgeslagen. De tour laat zich uiteraard uitstekend combineren met bovenaardse activiteiten rondom de subwaystations. Voor meer verdieping in de subway en haar geschiedenis staat het **subway-museum 6** in Brooklyn ter beschikking.

Eten en drinken

In het souterrain van het Grand Central Station (zoals de Terminal ook wel wordt genoemd) vindt u een veelvoud van restaurants, van junkfood tot de elegante **Oyster Bar 1**. Op het balkon in de hal kunt u ook uitstekend de dag uitluiden aan de bars van de restaurants **Cipriani Dolce** 2, **Metrazur** 3 of **Michael Jordan's** 4.

Bezienswaardig onderweg

De bezichtiging van het werk van Sol Le Witt, in het station Columbus Circle, kan prima met een ommetje naar het winkelcentrum **Time Warner Center** 1 worden gecombineerd – dat herbergt exclusieve boetieks en cafés – een wandeling door Central Park (zie blz. 61) of een bezoek aan het **Museum of Art and Design** 7.

Als u de *mural* van Elizabeth Murray in het station van 59th Street bekijkt trachtet, moet u zich eigenlijk een bezoek aan **Bloomingdale's** 2 niet laten ontgaan; het is een van de traditierijkste warenhuizen van New York en het ligt direct boven het subwaystation.

Overigens: via een trap bij de ingang aan Vanderbilt Avenue bereikt u **Campbell Apartment** 1, een van de meest exclusieve bars van New York, onder het dak van de Grand Central Terminal. De bar beslaat het voormalige appartement van een New Yorkse financier uit de eerste jaren van de Grand Central Terminal, een huis dat onveranderd is gebleven. Hier komen veel forensen uit voorname voorsteden na het werk iets drinken voordat ze weer in de trein naar Suburbia stappen. Campbell Apartment is tot 1 uur in de ochtend geopend; de forensen worden na 20 uur geleidelijk vervangen door een mondain publiek van nachtvlinders.

Informatie

Inlichtingen over de kunst in de subway krijgt u gratis in het informatiecentrum van het subwaybedrijf MTA in de Grand Central Terminal, in een zijgang van de grote hal, de doorgang naar lijn S. Daar vindt u ook de gratis gids 'Art en Route'. De informatie daaruit staat ook op internet: www.mta.info/mta/aft (Arts for transit).

Musea

New York Transit Museum 6 (over de subway): Boerum Place en Schermerhorn St., Brooklyn, New York 11201, tel. 1 718 694 16 00, di.-vr. 10-16, za./zo. 12-17 uur, entree: volwassene $ 5, kinderen en ouderen $ 3. Subway: 2, 3, 4, 5 tot Borough Hall, M en R tot Court St., A, C, G tot Shermerhorn Street.
Museum of Art and Design 7: 2 Columbus Circle, tel. 1 212 299 77 77, www.madmuseum.org, di.-zo. 11-18,

do. 11-21 uur, entree $ 15, kinderen en ouderen $ 12.

Eten en drinken

Oyster Bar 1: kelderverdieping van de Grand Central Terminal, tel. 1 212 490 66 50, www.oysterbarny.com, ma.-za. 11.30-21 uur.
Bars op het balkon boven de hal: **Cipriani Dolce**, **Metrazur** en **Michael Jordan's**. Alle bars in de Grand Central Terminal zijn open tot middernacht, Campbell Apartment tot 1 uur.

Winkelen

Time Warner Center 1: 10 Columbus Circle, Broadway en 59th St., tel. 1 212 823 96 85, ma.-za. 10-21, zo. 11-19 uur, subway: 1, 2, 3, A, B, C, D.
Bloomingdale's 2: 1000 Third Ave., tel. 1 212 705 20 00, www. blooming dales.com, ma.-vr. 10-20.30, za./zo. 11-19 uur, subway 4, 5, 6, N, W tot 59th Street.

⑧ De duurste buurt van de wereld – Fifth Avenue

Kaart: ▶ E 3/4
Vervoer: subway B, D, F tot Rockefeller Center

Ook als u zich hier niets kan of wil veroorloven – een wandeling over Fifth Avenue is eigenlijk wel een must tijdens een bezoek aan New York. De Fifth is de duurste en meest exclusieve winkelstraat van de wereld. Of het nu om Cartier gaat, om Gucci of om Versace, elk luxemerk dat iets wil voorstellen heeft hier een vestiging.

De meeste boetieks hier zijn ware prestige-objecten, zogenaamde *flagship stores*. Het gaat er niet zozeer om hier iets te verkopen als wel om op deze plek aanwezig te zijn met het merk en een appèl te doen op de zintuigen van de passanten. Die gelegenheid dient uitvoerig te worden benut.

Gunt u zich de tijd om op de Fifth te flaneren en in de luxe van de *rich and beautiful* te zwelgen. New York is de wereldhoofdstad van de Consumptie. De Fifth is haar boulevard en paradeplaats. Bewonder de extravagant ingerichte winkelruimten en etalages, laat u door portiers in livrei, die mannen in operettepakjes, de deur openen en laat u zich bedwelmen tussen de uitstallingen van schandalig dure dingen.

Consumptiekathedraal

Begin uw wandeling bij het Rockefeller Center aan 50th Street en flaneer over Fifth Avenue in noordelijke richting. Tegenover het Rockefeller Center in 50th Street staat de hoofdvestiging van een van de beroemde en eerbiedwaardige New Yorkse confectiehuizen, **Saks Fifth Avenue** ❶.

Wanneer u zich door de parfumafdeling, die de complete begane grond inneemt, heen heeft kunnen slaan, vindt u op zes verdiepingen alle internationale designermerken, of het nu gaat om sieraden, heren- of damesmode of accessoires. Zelfs al koopt u maar een sjaal – u moet toch in elk geval zorgen dat u ook met zo'n door velen begeerde, chique Saks-tas over straat kunt lopen.

Meteen naast Saks staat **St. Patrick's Cathedral** ❶, de grootste katholieke kerk van de Verenigde Staten – een imposant neogotisch bouwwerk. In het volgende block wordt echter onmiddellijk weer een andere god gediend – die van de Consumptie.

Zo komt u langs de winkel van juwelier **Cartier** ❷ die hier in 1909 zijn New Yorkse filiaal opende. Die boutique was een van de eerste luxe winkels op Fifth Avenue. Dat de colliers in de etalage geen prijskaartjes hebben geeft de filosofie van Cartier weer: wie bij Cartier naar de prijs vraagt kan het zich meestal niet permitteren daar iets te kopen. Een geliefd meenemertje in het kader van betaalbaarheid is het Cartier-briefpapier. De goedkoopste verlovingsringen daarentegen kosten rond de $ 4000.

Tempel van de 'Ladies that Lunch'

Als u Gucci en Ferragamo bent gepasseerd, langs de officiële *store* van de basketballcompetitie NBA bent gelopen en het chique Japanse warenhuis Takashimaya hebt gezien, ligt aan de oostkant van Fifth als volgende hoogtepunt **Tiffany** ❸. Sinds de Audrey Hepburn-klassieker 'Breakfast at Tiffany's' is de duurste juwelier van New York onder toeristen zo populair dat de firma zich op die bezoekers heeft ingesteld en op de begane grond een goedkoper assortiment, zeg maar 'souvenirtjes', voor de kleine beurs aanbiedt.

Wie het aandurft om met de lift naar de bovenverdiepingen te gaan, kan daar de jonge vrouwen van de New Yorkse society gadeslaan als zij voor op zijn minst tienduizenden dollars aan bruidssieraden uitzoeken.

Overigens: in de lange aanloop naar Kerst, die met het weekeinde van Thanksgiving begint – meestal het laatste weekeinde van november – maakt Fifth Avenue zich altijd extra mooi. De warenhuizen en boetieks huren sterdecorateurs in om de concurrenten en collega's met hun etalageversieringen te overtreffen. De traditionele wandeling langs de soms sprookjesachtige ramen is een klassiek New Yorks adventritueel. Voor sommige etalages vormen zich zelfs lange rijen. Maar dat gedrang hoort evengoed bij de gewoonte.

Voordat u bij de zuidoostelijke hoek van Central Park aankomt, moet u nog even een kijkje nemen bij **Bergdorf Goodman** ❹. De dependance voor vrouwen aan de westkant van de straat zit hier al sinds 1928, in de voormalige villa van de spoorwegendynastie Vanderbilt. New York Magazine noemde Bergdorf de ultieme shoppingtempel van de 'Ladies that Lunch' – de voorname dames uit de New Yorkse gemeenschap die behalve winkelen en elkaar treffen een lunch, niets te doen hebben. Alleen al om te kijken of u zo'n scène kunt ontdekken loont het de moeite Bergdorf te bezoeken. Maar ook om de pompeuze modesalons van haute-couture-ontwerpers als Gaultier te bewonderen, waarvan enkele overigens een prachtig uitzicht op Central Park bieden, kunt u natuurlijk de modetempel binnengaan.

Niet geheel in overeenstemming met de Bergdorf-flair van de upperclass-luxe is een bezoek aan de **Apple Store** ❺ direct aan de overkant. De glazen kubus boven het onderaardse elektronicaparadijs hoort echter zonder twijfel tot de grote Fifth Avenue-shoppinggeneugten sinds de deuren in

2006 werden geopend. Bij die opening lieten zich ook aardig wat Hollywoodprominenten zien.

Kasteelhotel aan het park

De laatste bezienswaardigheid van deze tour, het **Plaza Hotel** 2 aan de rand van het park, levert echter des te meer oud-New-Yorkse elegance. Sinds de renovatie van 2008, die 400 miljoen dollar kostte, is het Plaza overvloediger en weelderiger dan ooit tevoren.

Het beschermde monument heeft de uitstraling van een Frans renaissancekasteel. De ruimten van de lobby zijn in marmer uitgevoerd; het plafond, waaraan reusachtige kristallen kroonluchters hangen, is beslagen met bladgoud. In de kamers zijn zelfs gouden kranen gebruikt. De prijs voor een overnachting is er dan ook naar: minstens $ 750. Dat is in vergelijking met de 9 miljoen dollar die het zou kosten om een van de tot woningen omgevormde suites te kopen, toch een redelijk bedrag. Een drankje in de legendarische Oak Bar in het souterrain van het Plaza kan echter ook de minder gefortuneerde bezoeker zich wel permitteren; een aardige gelegenheid om wat flair van de jet set in te ademen en onopvallend rond te kijken of er nog prominenten rondlopen. Men dient evenwel een boord en een jasje te dragen.

Winkelen

Saks Fifth Avenue 1 : hoek 50th St., www.saksfifthavenue.com, ma.-vr. 10-20, za. 10-19, zo. 12-19 uur.
Cartier 2 : hoek 52th St., www.cartier.us, ma.-vr. 10-18, za./zo. 10-17.30 uur.
Tiffany 3 : hoek 57th St., www.tiffany.com, ma.-vr. 10-19, za. 10-18 uur.
Bergdorf Goodman 4 : hoek 58th St., www.bergdorfgoodman.com, ma.-vr. 10-20, za. 10-18 uur.
Apple Store 5 : hoek 59th St., tel. 1 212 336 1440, 24 uur geopend.

Eten en drinken

Oak Bar 1 in het Plaza Hotel, tel. 1 212 758 77 77, ma.-vr. 11.30 tot middernacht, za./zo. 11.30-2 uur.
Voor een shoppingpauze bevelen we de **Tea Box** 2 aan, het theehuis in de kelder van het Japanse warenhuis Takashimaya, waar u in een ontspannende Japanse ambiance uitgelezen theesoorten kunt proeven en voor de lekkere honger kleine Japanse snacks en sandwiches kunt bestellen. Hoek 54th St., tel. 1 212 350 01 79, ma.-za. 11.45-17.30 uur.

Kaart: ▶ D1-G8
Vervoer: subway B, D, F tot Rockefeller Center

New York en zijn skyline zijn zonder elkaar niet denkbaar. Zonder Manhattan zouden er geen wolkenkrabbers zijn en zonder wolkenkrabbers zou Manhattan niet Manhattan zijn. Een bezoek aan New York zonder een blik op de skyline zou daarom zijn als een strandvakantie zonder een duik in zee. En om van die skyline te genieten is er geen betere plek dan Rockefeller Center.

Beste uitzicht op de skyline

Toen Rockefeller Center in de herfst van 2005 zijn uitzichtsplatform **Top of the Rock** 1 na twintig jaar weer opende, claimde het wolkenkrabbercomplex in het hart van Manhattan met afstand het beste uitzicht over New York te bieden. Zo veel staat vast: de reclame had niets te veel beloofd. Het dakterras van nr. 30 Rockefeller Center is met 290 m weliswaar niet het hoogste uitkijkpunt van New York. Ten opzichte van de blik vanaf het Empire State Building heeft Rockefeller Center het voordeel dat het niet midden in Midtown Manhattan ligt, maar aan de noordrand ervan. En daarom reikt de blik naar het zuiden over de héle skyline; in het zicht naar het noorden, over Central Park, reiken geen gebouwen naar de hemel. Een ander belangrijk pluspunt ten opzichte van het uitzicht vanaf het Empire State Building is dat juist dat gebouw zich in al zijn pracht aan u toont – het is nog altijd het kroonjuweel van de skyline van Manhattan.

De skyline vanaf 'Top of the Rock' bekijken heeft nog een ander voordeel: ook in het hoogseizoen in mei/juni is er meestal geen wachtrij voor de lift. Bij het Empire State Building daarentegen is de rij dan zelden korter dan 2 uur.

Monument van het kapitalisme

Na het bezoeken van het uitzichtsplatform zou u zich in alle rust de tijd moeten gunnen ook de rest van Rockefeller

Center te verkennen. Het complex van wolkenkrabbers tussen Fifth en Seventh Avenue en tussen 49th en 51st Street is de zetel van televisiestation, *network* zeggen ze hier, NBC en daarmee ook het toneel van de tv-serie over de zender, '30 Rock'; ook veel andere mediabedrijven zitten in deze gebouwen. Het complex kan worden beschouwd als 'de eerste steen' van het moderne Manhattan. De bouw van dit 'superblock' (1930-1939) kwam voort uit de visie van oliemiljardair John D. Rockefeller Jr. Het project belichaamde zijn euforisch geloof in de vooruitgang en in de macht van het Amerikaanse kapitalisme. Rockefeller Center moest iets geheel nieuws worden, een ultramoderne, complete stad binnen de stad. Dat experiment slaagde en zo is 'Rock Center', zoals New Yorkers het complex liefdevol noemen, tegenwoordig een van de grote monumenten van de VS – volgens New Yorkers op één lijn te stellen met de Grand Canyon, Mount Rushmore of de Niagarawatervallen.

U kunt Rockefeller Center het best benaderen vanaf Fifth Avenue, waar voor het 'International Building' het indruk-wekkende 15 m hoge **Atlasbeeld** ▨ in art-decostijl de bezoeker begroet. Links naast dat beeld ligt een breed water met bloemenarrangementen; daarboven heeft u vrij zicht op het hoofdgebouw, 30 Rockefeller Center. Op de *plaza* daarvoor staat Paul Manships beroemde vergulde Prometheusbeeld. In de winter bevindt zich daar een **ijsbaantje** ▨, waar achter tegen Kerst altijd de enorme kerstboom wordt opgezet; kerstboom en schaatsbaan vormen een van de clichébeelden van New York in de winter.

Kunst- en architectuurschat van de moderne tijd

Rockefeller huurde voor het ontwerp van het 14 gebouwen omvattende complex de beste en meest visionaire architecten van zijn tijd in; het team werd geleid door hoofdaannemer John Todd en architect Raymond Hood die hiervoor drie bureaus aanstuurde. Tegelijkertijd liet Rockefeller de gebouwen inrichten met behulp van toonaangevende moderne kunstenaars.

De beroemdste stukken zijn de **muurschilderingen** ▨ in de hal van

Het dak van New York – uitzichtsplatform Top of the Rock, Rockefeller Center

het hoofdgebouw 30 Rockefeller Center; die stellen Rockfellers ideeën voor over de vooruitgang, de wereldvrede en het internationalisme. De schilderingen werden aanvankelijk gemaakt door de Mexicaanse kunstenaar Diego Rivera, de levensgezel van Frieda Kahlo; maar toen Rivera een beeltenis van Lenin in de schildering had geïntegreerd werd hij betaald en kon hij opkrassen. Hij heeft daarna nooit meer in de VS gewerkt. De bewuste schildering werd door bouwvakkers verwijderd.

Andere artistieke hoogtepunten van het complex zijn het bas-reliëf **News** 5 van de Japanse beeldhouwer Isamu Noguchi in de hal van het gebouw van persbureau Associated Press en de **fresco's** 6 boven de ingangen van 30 Rockefeller Plaza door Leo Friedlander en Lee Lawrie. Een volledig overzicht van de kunstwerken is onder meer te vinden op de website van Rockefeller Center, www.rockefellercenter.com

Bij een bezoek aan Rockefeller Center hoort in elk geval ook de **Radio City Music Hall** 7, waarvandaan in de jaren '30 de grote muziekprogramma's met big bands zoals die van Glen Miller live werden uitgezonden. Later werd de Radio City Music Hall een filmtheater, tegenwoordig worden er revue-achtige shows opgevoerd zoals het beroemde 'Christmas Spectacular', Amerikaans amusement ten voeten uit en voor velen een must als ze rond Kerst in New York zijn. Bij de kiosk in 50th Street kunt u een rondleiding boeken door de luisterrijke Radio City Music Hall.

Direct tegenover de Radio City Music Hall aan de westkant van Sixth Avenue staan vier uitbreidingsgebouwen uit de jaren '60/'70 in zogenaamde internationale stijl (verwant aan het Nieuwe Bouwen). Hier zitten mediabedrijven als **Time Life**, **Fox** en uitgeverij **McGraw Hill** 8. Die slaan een brug naar het huidige Manhattan.

- -

Platform Top of the Rock 1

Kaartverkoop: 50th St. tussen Fifth en Sixth Avenue, slechts enkele passen van de ingang. Prijs: $ 21 voor volwassenen, $ 14 voor kinderen, ouderen $ 19; voor zonsopgang en zonsondergang $ 30 resp. $ 15. Dag. 8-24 uur. Combinatieticket met entree voor het MoMA $ 30; combi met rondleiding door de NBC-televisiestudio's: $ 35.

Rockefeller Center rondleiding

Dagelijks vanaf 10 uur vinden elk uur rondleidingen plaats door het gehele Center; daarbij krijgt u ook een toelichting op de kunstwerken. Vertrek bij de kiosk in 50th Street tussen Fifth en Sixth Avenue, $ 15 voor volwassenen.

Eten en drinken

Onder het gehele Rockefeller Center ligt een labyrint aan onderaardse winkels, restaurants en cafés. Voor een snelle snack met de lekkerste sandwiches en een goede kop koffie bevelen we **Witchcraft** 1 aan, meteen aan de rechterkant als u vanuit de lobby van 30 Rockefeller Center de roltrap naar de kelderverdieping neemt, 1 Rockefeller Plaza/49th St., tel. 1 212 780 05 77, www.witchcraft.com Het kantoorvolk van Rockefeller Center ontmoet elkaar na het werk graag in de **Morell Wine Bar** 2, 1 Rockefeller Plaza, tel. 1 212 262 77 00, www.morellwinebar.com, tegenover de schaatsbaan aan 49th Street, ma.-za. 11.30-22 uur. Wie in is voor een elegant diner kan het best een tafeltje reserveren direct naast de ijsbaan in het **Rock Center Café** 3, 20 West 50th St., tel. 1 212 332 76 20, www.open table. com/rock-center-cafe, ma.-vr. 7.30-22, za. 11-22, zo. 11-21 uur.

The Museum of Modern Art

⑩ Kunstmetropool New York – MoMA en de museumbuurt

Kaart: ▶ E-G 1-4
Vervoer: subway 1, tot 50th Street

Zeker sinds de heropening in 2005 is het Museum of Modern Art een van de hoofdattracties van New York. En dat is volkomen begrijpelijk: het MoMA heeft naast Tate Modern in London de grootste verzameling moderne kunst ter wereld. Bovendien zijn de altijd extreem hoogwaardig en kostbaar samengestelde tentoonstellingen toonaangevend in de internationale kunstbranche. De hele wereld let op wat het MoMA doet.

Helaas heeft de populariteit van het MoMA ❶ ook een schaduwzijde: het is er altijd erg druk. Zelfs de ingebruikname van het vernieuwde lichte en uitgestrekte gebouw van de Japanse architect Yoshio Taniguchi in 53rd Street heeft het eeuwige gedrang in de over zes verdiepingen verdeelde zalen niet verminderd. Integendeel: het MoMA is populairder dan ooit tevoren.

Een overweldigende veelheid

Kern van het MoMA is haar permanente verzameling moderne schilderkunst en beeldhouwwerk. Met deze collectie heeft het museum haar wereldfaam gevestigd. De vaste collectie is over de vierde en vijfde verdieping verdeeld en wie daar met de voortreffelijke audioguide doorheenloopt krijgt een heel goed overzicht voorgeschoteld van de belangrijkste ontwikkelingen en stromingen van de moderne kunst, vanaf het Franse impressionisme tot de popart van de jaren '70. Tot de hoogtepunten behoren 'De bader' van Cezanne, de 'Waterlelies' van Monet, de 'Desmoiselles d'Avignon' van Picasso en 'Marilyn Monroe' van Andy Warhol. Deze werken zijn slechts een kleine greep uit de overweldigende rijkdom aan klassiekers onder de modernen die het MoMA bezit. De collectie wordt aangevuld door de afdeling contemporaine kunst op de tweede etage; sinds de renovatie wordt die sterker benadrukt en wordt hij beter bijgehouden dan vroeger.

Alleen voor de vaste collectie heeft u eigenlijk al een hele dag nodig. En dan is het ook nog eens zo dat een bezoek aan de beeldentuin zeker niet mag worden overgeslagen. Hier worden werken van grote moderne beeldhouwers, van Rodin via Giacometti tot aan David Smith en Sol Le Witt, volgens een ontwerp van toparchitect Philip Johnston tot een voortreffelijke lusthof gecomponeerd. Keuzen maken is dus het devies.

Met het bekijken van de vaste collecties moderne schilder- en beeldhouwkunst en de beeldentuin heeft u niet meer dan een begin gemaakt met de kennismaking met de rijkdom van het museum. Evengoed van wereldklasse zijn de vaste tentoonstellingen over fotografie en over architectuur en design op de derde verdieping. Daarbij komen dan nog de wisselende exposities. Dit alles kan onmogelijk in één dag worden bekeken op een manier dat het ook nog leuk is. Daarom verdient het aanbeveling vooraf een keuze te maken uit het aanbod en vervolgens gericht door het museum te stappen. De website www.moma.org informeert op overzichtelijke wijze over het actuele programma.

New Yorks aanbod voor de kunstliefhebber is met het MoMA bij lange na nog niet uitgeput. De stad kent een grote dichtheid aan hoogwaardige kunstmusea. Het **Metropolitan Museum of Art 2** bijvoorbeeld, drie subway-stations of een leuke wandeling van een halfuur van het MoMA verwijderd, is een van de grootste musea ter wereld. Het heeft in zijn 140-jarige geschiedenis een verzameling van objecten uit alle culturen en alle perioden aangelegd. Op 130.000 m² toont de reusachtige tempel in het Central

Overigens: op vrijdag- en zaterdagavond kunt u bij live kamermuziek in het Metropolitan Museum of Art van cocktails en appetizers genieten (tegen betaling) in de Great Hall Balcony Bar met uitzicht op de grote hal. In de zomer is de daktuin, waar overigens elk jaar een nieuw beedhouwwerk wordt geïnstalleerd, een trendy trefpunt voor een drankje met uitzicht over het Central Park.

Park kunstschatten van de 6e eeuw v.Chr. tot nu, van Mesopotamië tot de Amerikaanse modernen.

Weer enkele minuten voorbij het Metropolitan Museum of Art, in de museumbuurt van oostelijk Central Park, ligt het **Guggenheim Museum 3**, de bakermat van een inmiddels mondiale museumketen. Het symbolische 'slakkenhuis' van Frank Lloyd Wright werd in 2009 geheel gerenoveerd en is alleen al vanwege de architectuur het bezoeken waard. Doorgaans laat het Guggenheim alleen een tijdelijke tentoonstelling zien in de spiraalvormige bouw, waar je ongemerkt cirkelend van beneden naar boven of andersom loopt.

Andere musea aan deze museumroute: de **Frick Collection 4** in 70th Street, een zeer imposante privéverzameling Europese kunst, het **National Design Museum 5** en het **Museum of the city of New York 6**. Een bijzonder lekker hapje aan de museumroute is de **Neue Galerie 7**, een verzameling Duitse en Oostenrijkse kunst uit de vroege 20e eeuw, bijeen gespaard door de cosmeticamiljardair Ron Lauder. Op de eerste verdieping hangt hier boven de schoorsteen 'Adele Bloch-Bauer I' van Gustav Klimt, waarvoor Lauder een recordbedrag van 135 miljoen dollard betaalde. In de kelder van de Neue Galerie bevindt zich het origineel Weense **café Sabarsky** 1, een onder de New Yorkers algemeen geliefd lunchadres.

• •

Informatie

MoMA 1, 11 West 53rd St. tussen Fifth en Sixth Ave., tel. 1 212 708 94 00, www.moma.org
Openingstijden: za.-ma., wo. 10.30-17.30, do. (juni-aug.) 10.30-20.45, vr. 10.30-20 uur, entree: volwassene $ 20, ouderen $ 16, studenten $ 12, kinderen

tot 16 jaar hebben gratis toegang. Als u in betrekkelijke rust van de kunstwerken wilt genieten moet u 's morgens om 10.30 uur, als de deuren open gaan, bij het museum zijn. Op werkdagen blijft het gedrang tot aan lunchtijd enigszins binnen de perken. In de zomer is het aanbevelenswaardig de langere openingstijd op donderdag, tot 20.45 uur, te benutten. Op vrijdag is van 16 tot 20 uur de toegang gratis; u houdt de $ 20 p.p. in de zak maar u bent met velen, zeer velen.

Metropolitan Museum of Art 2: 1000 Fifth Ave., tel. 1 212 535 77 10, www.metmuseum.org, entree: $ 20, kinderen gratis, di.-do., zo. 9.30-17.30, vr./za. 9.30-21 uur.

Guggenheim Museum 3: 1071 Fifth Ave., tel. 1 212 423 35 00, www.guggenheim.org, entree: $ 18, gereduceerd $ 15, kinderen onder 12 jaar gratis, za.-wo. 10-17.45, vr. 10-19.45 uur.

Frick Collection 4: 1 East 70th St. hoek Fifth Ave., tel. 1 212 288 07 00, www.frick.org, entree: $ 18, gereduceerd (studenten en ouderen) $ 12, di.-za. 10-18, zo. 11-17 uur, ma. gesl.

Cooper-Hewitt, National Design Museum 5: 2 East 91st St./Fifth Ave., tel. 1 212 849 84 00, www.cooperhewitt.org, entree: $ 15, gereduceerd $ 10, ma.-vr. 10-17, za. 10-18, zo. 11-18 uur.

Museum of the city of New York 6: 1220 Fifth Ave./103 St., tel. 1 212 534 16 72, www.mcny.org, entree: $ 10, gereduceerd $ 6, kinderen gratis, di.-zo. 10-17 uur.

Neue Galerie 7: 1048 Fifth Ave. hoek 86th St., tel. 1 212 628 62 00, www.neuegalerie.org, entree: $ 18, gereduceerd $ 10, do.-ma. 11-18 uur, di. en wo. gesl.

Map labels: N, 500 m, Transverse Rd. No. 4 (97th Street), Central Park West, Fifth Avenue, Madison Avenue, Park Avenue, Lexington Avenue, Transverse Rd No 3 (86th Street), Central Park, Transverse Rd No 2 (79th Street), Transverse Rd No 1 (65th Street), Central Park West, Central Park South, West 57th Street, East 57th Street

11 New Yorks grote burgertuin – Central Park

Kaart: ▶ E/F 1-3
Vervoer: subway B, C, D, 1, 2 tot Columbus Circle

De hectiek, de herrie, het gedrang, de meedogenloze asfaltwoestijn – New York kan u afmatten en overweldigen. Het Central Park, de reusachtige landschapstuin midden in Manhattan, biedt een vlucht-plaats met rust en ruimte, ver van al die drukte. 342 hectare groene ruimte hebben de New Yorkers tussen 59th en 110th Street ter beschikking – om even de pas te vertragen, om te flaneren, om te kunnen sporten, kortom: om weer mens te worden.

In 1811, lang voordat de stad vanuit het zuidpuntje van Manhattan in noorde-lijke richting ging woekeren, hadden stedenbouwkundigen een groot park midden op het eiland bedacht. Daar kwam lang niets van terecht. Pas in 1873, toen de omgeving van het hui-dige Central Park nog nauwelijks was bebouwd, werd, na zo'n twintig jaar voorbereiding, het meesterwerk van architect Calvert Vaux en van schrijver Frederick Law Olmstead geopend. Als voorbeeld voor het park hadden kas-teeltuinen in de Engelse landschapsstijl gediend. Het grote verschil was echter dat het Central Park geen aristocrati-sche luxe zou zijn maar inderdaad een park voor het volk, een 'democratische ontwikkeling van grote betekenis' zo-als Olmstead schreef. Het was een van de eerste 'burgertuinen' ter wereld.

Een democratische utopie

In Central Park, zo was de hoop van Olmstead, zou de Amerikaanse de-mocratie verwerkelijkt worden zoals nauwelijks ergens anders. Mensen uit alle lagen van de bevolking moesten hier, ongeacht hun sociale stand, samen kunnen komen. Olmsteads utopie werd bewaarheid. Tegenwoordig gaat de Wall Street-bobo samen met de taxichauffeur in Central Park baseball spelen, de zwarte familie uit Harlem spreidt naast de familie van orthodoxe joden uit Brooklyn haar picknickkleed uit, terwijl slechts een paar passen verderop jonge hippies uit Williamsburg gitaar spelen.

Het concept van de landschapstuin van Olmstead en Vaux had tot doel verschillende landschapsvormen zo natuurgetrouw mogelijk na te bootsen. Zo kunt u tegenwoordig in het noordelijke deel van Central Park door het boslandschap **The Ramble** **1** wandelen, op het door kersenbomen omgeven meer **The Lake** **2** met een soort Venetiaanse gondels onder versierde bruggetjes doorvaren of op de rotsen aan de waterkant een zonnebad nemen. Maar u kunt ook op de **Sheep's Meadow** **3** (waar nog in de jaren '30 schapen graasden) gaan liggen met de blik op de skyline en een boek lezen of door de prachtige **bloementuin** **4** aan de oostkant van het park slenteren.

Het geografische centrum van Central Park is de **Bethesda Fountain** **5**, waar de **Poet's Walk** **6** naartoe leidt. Vooral in het voorjaar en de zomer zijn hier vele muzikanten, goochelaars, dansers en andere (straat-) artiesten. Vaak speelt langs de Poet's Walk een dixielandbandje en er zijn heel wat uitstekende klassiek geschoolde violisten en trio's die het Central Park gebruiken om te oefenen. Rond de fontein tonen bovendien regelmatig zwarte jongens uit Harlem hun breakdancekunsten.

Hippie-trefpunt bij het Lennon-monument

Aan de westrand van het park, recht tegenover de legendarische Dakota Apartments (72nd St.), liggen de zogenaamde **Strawberry Fields** **7**. Die vormen een monument voor John Lennon die in het Dakota-gebouw woonde en op deze plek werd doodgeschoten in december 1980. De Fields, vernoemd naar het Beatleslied 'Strawbery fields forever', dienen als een pelgrimsplaats voor Beatlesfans uit de hele wereld; ze leggen er bloemen neer en op warme avonden wordt er gezongen en muziek gemaakt.

Evenementen

In de zomer wordt het Central Park een groot openluchttheater. Op de **Summer Stage** **8** vinden popconcerten plaats, de vooraanstaande Metropolitan Opera voert gedeeltelijke of zelfs hele opera's uit op de grote weide, de **Great Lawn** **9**. En in het **Delacorte Theater** **10** worden kosteloos Shakespeare-stukken opgevoerd. Kaartjes daarvoor zijn zo gewild dat mensen al 's morgens in de rij gaan staan; in de loop van de dag worden ze vaak door anderen afgelost. Daarvan maken de New Yorkers, hoe kan het ook anders, weer een event op zich: het wordt een grote picknick die de hele dag duurt. Informatie over de diverse evenementen op www.summerstage.org. Shakespeare in the Park: www.publictheater.org/content/view/126/219/, www.centralparknyc.org/calendar/ of in de wekelijkse evenementenkalender van het tijdschrift Time Out (www.newyork.timeout.com).

Sport

Central Park is sportterrein nummer 1 voor New Yorkers. Overal op de weiden wordt voetbal (soccer), baseball en American football gespeeld. Op de grote 10 km lange straat rondom het park wordt hardgelopen, geskatet en gefietst, vooral als die straten buiten de ochtend- en avondspits voor verkeer zijn gestremd (van 10-17 en weer na 19 uur). Een klassiek **hardloop-parcours** 1 is ook het rondje om het Reservoir, beroemd gemaakt door Dustin Hoffman in de film Marathon Man. Tijdesn dat lopen heeft men af en toe een fantastisch zicht op de skyline. **Fietsverhuur** 2 is er meteen op Columbus Circle bij de zuidwestelijke ingang van het park (zie ook New York per fiets op blz. 67). Daar bieden ook fietstaxi's rondtochtjes door het park aan. De toelichtingen van deze zelfbenoemde stadsgidsen dient men af en toe met een fikse korrel zout te nemen; niettemin dient voor zo'n tochtje $ 75 te worden neergeteld. Klassieker en saaier zijn de tochtjes in de wat kitscherige **paardenkoetsen** 3, die zijn evenwel met $ 50 voor de eerste 20 minuten en $ 20 voor elke volgende 10 minuten nog duurder. De koetsen zijn te huur aan de zuidrand van het park tussen Fifth en Sixth Avenue.

Eten en drinken

In het **Boat House** 1 aan het meer midden in het park zit een restaurant met een erg mooi terras. Het eten is helaas van middelmatige kwaliteit en veel te duur. Maar het is wel lekker om hier met mooi weer rond borreltijd lekker buiten een drankje te nemen of overdag een kop koffie te drinken. De mooiste blik over het park krijgt u vanaf het **dakterras** 2 van het **Metropolitan Museum of Art** 11, dat tijdens de openingsuren van het museum voor bezoekers toegankelijk is en op dinsdag- en vrijdagavond een cocktailuurtje biedt (zie blz. 58, Kunstmetropool New York).

Informatie

Op de website van de Central Park-stichting www.centralpark.com vindt

u nutige informatie, kaartjes, beschrijvingen en podcasts voor tochtjes te voet of per fiets door het park. Daarbij valt nog te kiezen tussen de thema's 'kunst en architectuur' en 'flora en fauna'. De stichting organiseert bijna dagelijks tochten met een gids waarbij de geschiedenis en verscheidene inrichtingsaspecten aandacht krijgen. Kijk daarvoor op de website bij 'Guided Tours' of bel 1 212 772 02 10.

De stichting heeft bij de zuidwest-ingang van het park een **informatie-paviljoen** 12.

12 Hoofdstad van zwart Amerika – Harlem

Kaart: ▶ kaart 3
Vervoer: subway A, B, D tot 125th Street

Het bericht aan het eind van 2009 was voor velen een schok: het aandeel van de zwarte bevolking in Harlem is voor het eerst in bijna 80 jaar gedaald tot onder 50%. Is de vroegere hoofdstad van zwart Amerika niet meer zwart?

Toch wel, zij is het nog steeds. Ook al komen door de afnemende spanningen tussen de rassen steeds meer blanken en hispanics (Spaans als moedertaal) naar Harlem, het centrum van Harlem wordt nog altijd merkbaar door de Afro-Amerikaanse cultuur bepaald. Harlem is wat minder exotisch en beduidend minder gevaarlijk geworden. Maar het is nog altijd een stadsdeel met een duidelijk eigen karakter.

Straatleven van de zwarten – luid, bont en levendig

Lopend over de hoofdstraat van het stadsdeel, 125th Street, ziet u het duidelijkst de uitstraling van Harlem. Als u op de hoek van St. Nicholas Avenue uit de subway komt en richting oosten loopt, buitelen de zinnenprikkels over elkaar. Hier is het nog luider, bonter en levendiger dan elders in New York. Afrikaanse straathandelaren die oliën en wierook verkopen concurreren met de straatpredikers van de Nation of Islam. Uit de winkels, waar het meeste gaat om hiphopmode, sneakers of muziek, dreunen afwisselend raps en Afrikaanse klanken uit de boxen.

Een verplichte stop tijdens elke tocht over 125th Street is het **Apollo-Theater** 1, de wieg van de soul en de rhythm & blues. Het podium waar James Brown, Stevie Wonder en Michael Jackson hun carrière begonnen werd in 2009 gerenoveerd. De klassieke Apollo-ervaring is evenwel 'Amateur Night' op woensdagavond. Veel wereldsterren zijn daarbij ontdekt zoals jazzzangeres Ella Fitzgerald. Bijna net zo verplicht is een bezoek aan het **Harlem Studio Museum** 🔢, Amerika's belangrijkste museum van zwarte kunst.

Soul food

Als u op Lenox Avenue rechtsaf gaat, komt u na vier blocks bij **Café Settepani** 🔢 – een ontmoetingspunt van het 'nieuwe Harlem'. In de mooie trattoria komen zwarten en blanken uit het aangrenzende oude **Mount Morris district** 🔢 elkaar ongedwongen tegen. Slechts een paar stappen hier vandaan ligt aan 116th Street mogelijk het beste soul food restaurant van Harlem, **Amy Ruth** 🔢. Hier gaan locals heen om van de klassieke gerechten van hun voorvaderen uit de zuidelijke staten te genieten – *fried chicken* met zoete aardappels, wafels en *collared greens* (groene kool).

Wie verder over 116th Street naar het westen loopt, komt al snel in het Afrikaanse deel van Harlem, ook wel Little Senegal genoemd. Hier wordt op straat plotseling Frans en Wolof gesproken en de koffiehuizen serveren koffie op z'n Frans. In de goedkope eethuizen kunt u van het nationale gerecht van Senegal genieten, *thiebou dieune*. Populair is **Afrika Kine** 🔢 op de hoek van Frederick Douglass Boulevard.

Gospel

Zwarte kerken spelen in het leven van hun gemeenschapsleden een uitermate belangrijke rol. Ook in Harlem. Dat de **Abyssinian Baptist Church** 🔢 90 jaar geleden hierheen trok was zelfs een belangrijke prikkel voor zwarten om hun toevlucht in Harlem te zoeken. De diensten in deze kerk hebben alles dat bij het clichébeeld hierover past: vurige preken en vooral te gekke gospelkoren. Toeristen zijn welkom zolang ze zich respectvol gedragen, zich ordentelijk weten te kleden (geen T-shirt, spijkerbroek of sportschoenen) en een paar dollar in de collectezak achterlaten. De Abyssinian Baptist Church is de populairste en bekendste kerk in Harlem en daarom vaak erg druk. Een goed alternatief is de **First Corinthian Baptist Church** 🔢.

Jazz in Harlem

Harlem is naast New Orleans een hoofdstad van de jazz. Sinds het met het stadsdeel na het verval in de jaren '60 en '70 weer bergopwaarts gaat, leeft ook de jazzscene weer op. Elke avond is er in de Harlemse jazzclubs livemuziek. De **Lenox Lounge** 🔢, waar eens Billy Holiday zong, verzorgt elke avond twee sets. Dat doet ook **Minton's Playhouse** 🔢, waar in de goede tijd van de bebop Dizzy Gillespie en Charlie Parker regelmatig speelden. De coolste sfeer hangt echter zonder twijfel in **St. Nick's Pub** 🔢 op de hoek van 148th Street en St. Nicholas Avenue, een smal keldergewelf met een zeer bont gemengd publiek. St. Nick's Pub is de oudste jazzclub in New York, al 80 jaar onafgeboken in bedrijf. De entree is gratis en er wordt, vooral in het weekend, tot diep in de nacht gejamd. Het is nauwelijks de moeite waard hier voor 23 uur binnen te stappen.

Rondlopen met een gids

Tourorganisatie Harlem Heritage Tours 🔢, gerund door de in Harlem geboren Neal Shoemaker, biedt tochtjes door Harlem aan met uiteenlopende thema's: jazz, architectuur, gospel, geschiedenis, cultuur. Het programma is te vinden op www.harlemheritage. com en op te vragen op tel. 1 212 280 78 88. Of u loopt eenvoudigweg even langs Neals winkel: 104 Malcolm X Boulevard tussen 115th en 116th Street.

Informatie

Apollo Theater 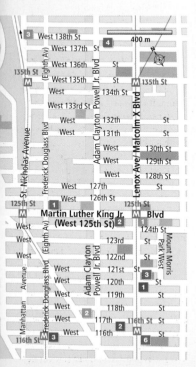: dagelijks zijn er rondleidingen waarbij Billy Mitchell, die 60 jaar geleden al backstage bij de sterren ging kijken, anekdotes vertelt. 253 West 125th St., tel. 1 212 531 53 00, ma./di., do./vr. 11, 13 en 15, za./zo. 11 en 13 uur, $ 16, de concertagenda is te vinden op www.apollotheater.org of in Time Out Magazine.

Harlem Studio Museum : 144 West 125th St., tel. 1 212 864 45 00, www. studiomuseum.org, wo.-vr. 12-18, za. 10-18, zo. 12-18 uur, $ 7, ouderen $ 3, kinderen gratis.

Eten en drinken

Café Settepani : 196 Lenox Ave., tel. 1 917 492 48 06, www.settepani.com, dag. 11-23 uur, cappucchino, gebak, snacks.

Amy Ruth : 113 West 116th St. tussen Malcolm X Boulevard en Seventh Ave., tel. 1 212 280 87 79, www. amyruths harlem.com, ma. 11.30-23, di.-do. 8.30-23, vr. 8.30- 5.30, za. 7.30-5.30, zo. 7.30-23 uur. Aanbevolen: 'Yasmin Cornelius', chicken wings met wafels voor $ 8,95.

Afrika Kine : 256 West 116th St. tussen Frederick Douglass Boulevard en Seventh Ave., tel. 1 212 666 94 00, www.africakine.com, ma.-vr. 12.30-2 uur. Tip: voor de lunch is er een bonte keus aan exotische gerechten voor weinig geld en bovendien zorgen de vele Senegalese taxichauffeurs die hier lunchen voor gezelschap.

Gospel-kerkdiensten

Abyssinian Baptist Church : 123 Odell Clark Place, diensten zo. 9 en 11 uur, tel. 1 212 491 29 20, www.abyssinian.org

First Corinthian Baptist Church : 1912 Seventh Ave. hoek 116th St., tel. 1 212 864 95 26, diensten zo. 8 en 10.45 uur.

Jazz

Lenox Lounge : 288 Lenox Ave. hoek 124th St., www.lenoxlounge.com, 's avonds sets vanaf 20 uur, entree $ 10 op weekdagen en $ 20 in het weekend, minimaal te verteren $ 16, dag. 12-4 uur.

Minton's Playhouse : 206 West 118th St., tel. 1 212 864 83 46, zo.-do. 15-2, vr./za. 15-4 uur.

St. Nick's Pub : St. Nicolas Ave. hoek 148th St., www.stnicksjazzpub.net, entree gratis, dag. 16-4 uur, livemuzieksets vanaf 22 uur.

⑬ New York per fiets – Manhattan, Brooklyn, River Road

Kaart: ▶ B-D 4_12
Vervoer: subway A, C, E, N, Q, S, 1, 2, 3, 7 tot Times Square

New York per fiets? Nog maar enkele jaren geleden werd dat als waanzin gezien. Je door het opgefokte gedrang van de auto's vechten, langs toeterende en hectisch scheurende taxi's, bussen en gehaaste voetgangers die in het wilde weg oversteken – dat was hooguit weggelegd voor de professionele fietskoeriers.

Bij zijn aantreden in 2002 heeft burgemeester Bloomberg echter een ambitieuze groene agenda voor de stad geformuleerd; daarbij hoorde ook een forse bevordering van het fietsen. Sindsdien is er veel gebeurd: honderden kilometers fietspad werden aangelegd. Honderdduizenden New Yorkers pendelen inmiddels per fiets naar hun werk. Het imago van fietsers als gekken en milieuradicalen is drastisch gewijzigd; fietsen heeft het in New York geschopt tot een chique trend.

In de openlucht door de stad

De New Yorkers hebben eindelijk ontdekt dat hun stad eigenlijk geknipt is voor het fietsen. Het centrale Manhattan, waar zich het leven overwegend afspeelt, ligt in een rechthoek van niet meer dan 10 bij maximaal 3 km. Elk punt op Manhattan is met gemak binnen drie kwartier per fiets te bereiken. En aangenaam voor fietsers: het is zo plat als een dubbeltje.

Voor bezoekers biedt deze nieuwe fietsvriendelijkheid grote nieuwe mogelijkheden om de stad te verkennen. In de taxi ben je afgesloten van het straatlawaai, de geuren en alle andere zinnenprikkels die New York zo opwindend maken. De subway heeft zijn eigen charme, zeker, maar men reist puur functioneel van punt naar punt en beleeft bijvoorbeeld niet de overgang tussen de wijken. Met de fiets daarentegen zit je overal middenin maar niet zoals een voetganger, beperkt tot één buurt. Je kunt de samenhang tussen de buurten waarnemen en de scherpe contrasten ontwaren die bepalend zijn voor de stad. En als ergens je interesse wordt gewekt dan stop je gewoon.

Je per fiets door New York begeven is probleemloos. Bijna elke fietsenwinkel verhuurt ook fietsen, inclusief slot (en helmpje). Bovendien hebben ze daar gratis fietskaarten waarop de fietspaden en de rustigste, veiligste straten zijn weergegeven.

De mooiste fietsroute van de VS

Het handigst is het om een fiets te huren bij Bike and Roll. De winkel heeft drie filialen langs Hudson River, aan de westkant van Manhattan. Langs de hele rivier loopt een fietspad waarover je het eiland dus van het zuidelijke puntje tot de George Washington Bridge bij 181st Street berijden kunt. Het is de mooiste en meest gebruikte fietsweg van de USA. Als fietstoerist kun je dit pad als een soort snelweg gebruiken: je zoeft over de 'Greenway' tot de breedtegraad (straatnummer) waar je iets wilt doen of bekijken en daar duik je de stad in.

Ongeoefende fietsers doen er goed aan het zakendistrict van Midtown Manhattan (het gebied tussen 23rd Street en 59th Street over de hele breedte van het eiland) te mijden als dat mogelijk is. Hier zijn weliswaar inmiddels ook fietspaden maar overdag is het verkeer nogal druk en zijn automobilisten af en toe agressief. In Downtown Manhattan en in grote delen van Brooklyn is de fiets een uitkomst, een heerlijke manier om de rustige zijstraten van de *neighborhoods* te verkennen.

Als startpunt voor uw tochten raden we de Bike and Roll fietverhuur in 43rd Street aan. Van hieruit kunt u de hele rivieroever afrijden en waar u maar wilt in een van de vele nieuwe parkjes stoppen voor een picknick of zoiets. Als u boven 72nd Street in noordelijke richting rijdt heeft u een bijzonder mooi zicht op de majesteuze Washington Bridge. Ter hoogte van 71st Street zowel als 79th Street aan de jachthaven (Marina) liggen uitzichtrijke caféterrassen te lonken.

De stad New York beveelt in al zijn trots een rondje om Manhattan aan, dat is ook op de kaarten ingetekend. Wij raden dat echter af – aan de oostkant van Manhattan is het fietspad niet overal afdoende aangelegd en zijn er delen met slechte bewegwijzering waardoor de kans bestaat dat u aan het dwalen gaat in lelijke of onaantrekkelijke buurten.

Over de bruggen

In plaats daarvan raden wij een tocht aan waarbij u adembenemende uitzichten op de skyline met een intensieve beleving van de stad kunt combineren. U rijdt over het oeverfietspad vanaf **Bike and Roll** ❶ ongeveer 4 km in zuidelijke richting tot Chambers Street. Wie hiervandaan een afsteker naar het zuiden maakt kan het **Wolkenkrabbermuseum** ❷, het **Holocaust Museum** ❸, de **jachthaven** ❹ en **Ground Zero** ❺ (zie blz. 32) bezichtigen.

Anders gaat u bij Warren Street linksaf, de bordjes 'Brooklyn Bridge' volgend, en komt al snel bij het **City Hall Park** ❻ rondom het historische raadhuis. Aan de oostkant van het park begint de oprit naar Brooklyn Bridge. De tocht over Brooklyn Bridge hoort tot de hoogtepunten van elk New Yorkbezoek – met de fiets is het helemaal geweldig.

Aan de Brooklyn-kant rijdt u niet helemaal tot het einde van de lange brugafrit maar neemt u eerder al de trap die u naar beneden op Front Street brengt. Let op – de trap is gemakkelijk te missen! Houdt u op de brug links, waar fiets-

Overigens: als u een uitstapje per fiets de stad uit wilt maken, rij dan eenvoudigweg over de Hudson River Greenway tot de George Washington Bridge (oprit naar de brug bij 178th Street, hoek Cabrini Boulevard; het is een tikje ingewikkeld om vanaf de rivieroever hier op te komen, het beste kunt u daarvoor de officiële fietskaart van de stad raadplegen). Washington Bridge heeft een fietspad met een wonderbaarlijk mooi uitzicht op Manhattan. Aan de andere kant begint dan meteen onderaan de George Washington Bridge een circa 16 km lange weg, 'River Road' geheten, door het bos op de steile oever langs de Hudson, waar autoverkeer slechts in beperkte mate is toegestaan. U bereikt die weg als u vanaf het einde van Washington Bridge direct links aanhoudt en over het fietspad heuvelaf rijdt. Daar ziet u dan aan uw linker hand het begin van de 'River Road'.

pad en voetpad zich splitsen. Nu bent u in het stadsdeel DUMBO (een afkorting van Down Underneath the Manhattan and Brooklyn Bridge Overpath), een voormalige pakhuizenbuurt waar nu veel kunstenaars, architecten en ontwerpers hun studio hebben. Neemt u de tijd om de galeries en cafés van de wijk te verkennen, naar beneden het nieuw aangelegde **Brooklyn Bridge Park** 7 in te rijden of een ijsje te eten in de beroemde **Brooklyn Ice Cream Factory** 1 en daarbij van het uitzicht op Manhattan te genieten. U bereikt

gemakkelijk de rivier als u vanaf de af-rit van Brooklyn Bridge de fietsbordjes 'Waterfront' volgt.

In DUMBO zoekt u dan naar de op-rit van **Manhattan Bridge** 8, die even-eens een fietsstrook heeft. De route naar het fietspad over de brug is ook bewegwijzerd. Volgt u vanaf de rivier-oevers de groene bordjes 'Manhattan Bridge' met een fietssymbool. Als u van-uit Front Street linksaf de Washington Street ingaat zult u de oprit al zien. Vanaf Manhattan Bridge hebt u weder-om een grandioos uitzicht, deze keer op Manhattan, het Vrijheidsbeeld en Brooklyn Bridge.

Op Manhattan komt u aan in **Chinatown** 9. U baant zich weer een weg dwars over Manhattan, terug naar de Hudson. De fietsroute over het ei-land is meteen vanaf Manhattan Bridge met borjes aangegeven. Volgt u een-voudigweg de groene bordjes met het opschrift 'Westside'. Aan de voet van Manhattan Bridge rijdt u vervolgens rechtsaf Chrystie Street in, dan snel linksaf Rivington Street in. Meteen weer rechts op Bowery en onmiddellijk linksaf Prince Street. Prince Street voert u over een doorgaande fietsroute dwars door Chinatown en door de kunst- en winkelwijk **SoHo** 10. Aan het einde van Prince Street gaat u rechtsaf Varick Street in, dan meteen weer links in **West Houston Street** 11 die u terug-brengt bij de rivier. Vanhier uit is het nog een kilometer of 3 naar de fietsver-huurder. Deze tocht is circa 16 km lang. U zult er tweeënhalf tot drie uur voor moeten uittrekken, mede afhankelijk van de bezoekjes die u onderweg af-legt, in de galeries van DUMBO bijvoor-beeld.

● ●

Fietsverhuur

De firma **Bike and Roll** 1 heeft meerdere verhuurstations in de hele

stad. Drie daarvan bevinden zich aan de fietsroute langs de Hudson (de *Greenway*): 43th St., 71st St. en op het zuidelijke puntje van Manhattan in Battery Park, www.bikeandroll.com/new york, huur: 4 uur kost $ 39, een hele dag $ 44, helm en slot inbegrepen; dat is een 'comfort bike', de goedkoopste voor tochten door de stad;

1,5 km

Lincoln Tunnel

Hudson River

57th St
53rd St
42nd St
34th St
23rd St
9th Ave
14th St
Ave of the Americas
5th Ave
9th St
Park Ave
Broadway
Houston St
Broome St
Canal St
West St
Wall St
Elevated Hy
Broadway
Brooklyn Bridge
Manhattan Bridge

een kinderfiets kost $ 20, resp. $ 25. Bike and Roll verstrekt ook informatie over fietspaden en routes. Een ander verhuurpunt van Bike and Roll ligt aan Columbus Circle bij de zuidwestelijke ingang van Central Park, een goed uitgangspunt voor een rondje om (en door) het grote park.

Eten en drinken onderweg

Langs de Hudson zijn er diverse mogelijkheden om wat te drinken of te eten. Wij bevelen de **i-pier** 2 aan ter hoogte van 70th Street, waar u van 's morgens 8 uur tot 1 uur 's nachts buiten aan de rivier kunt zitten.

Ter hoogte van 26th Street ligt het voormalige lichtschip **Frying Pan** 3 voor anker waar u op het dek kunt zitten, bier kunt drinken en hamburgers kunt eten (dag. 12-24 uur), www.fryingpan.com

Wanneer u van Brooklyn Bridge afkomt, zou u eigenlijk de **Brooklyn Ice Cream Factory** 1 moeten bezoeken, direct onder de brug (bij het einde van Fulton St.). Met een ijsje in de hand kunt u op de steiger van de Factory gaan zitten om zo ook nog eens van de betoverende blik op de skyline van Manhattan te genieten. Tel. 1 718 246 39 63, www.brooklynicecreamfactory.com, mei-sep. ma.-do. en zo. 12-22, vr./za. 12-23 uur.

Bezienswaardig onderweg

Slechts op geringe afstand van het fietspad langs de Hudson bevindt zich, op nr. 39 Battery Place, het **Skyscraper Museum** 2 dat de geschiedenis van de wolkenkrabberbouw in de 'verticaalste' stad van de wereld belicht, tel. 1 212 968 19 61, www.skyscraper.org, wo.-zo. 12-18 uur, volwassenen $ 5, studenten en ouderen $ 2,50.

14 Stadsdeel in opkomst – Brooklyn

Kaart: ▶ C/D 12/13
Vervoer: subway 3 tot Clark Street

De duizelingwekkende stijging van de kosten van levensonderhoud heeft in de voorbije 15 jaar veel mensen met een creatief beroep van Manhattan verdreven. Daarvan heeft vooral Brooklyn geprofiteerd, de buurt die tientallen jaren als een ghetto gold. Tegenwoordig is Brooklyn cultureel gezien een van de boeiendste plekken in de VS.

De eerste golf van Manhattan-vluchtelingen had zich eind jaren '80 net op de andere oever van de East River gevestigd, in Brooklyn Heights. Een wandeling door het stadsdeel Brooklyn kan natuurlijk uitstekend beginnen bij die eerste stop vanuit Manhatten.

Ingetogen rust en zicht op Manhattan

Vanuit **Clark Street** 1 loopt u in de richting van de rivier naar Columbia Heights. Daar krijgt u al iets mee van het idyllische karakter van het stadsdeel dat toch zo dicht bij het hectische, chaotische Manhattan ligt. Ga linksaf en kijk uit naar nr. **142 Columbia Heights** 2, het huis van de in 2007 gestorven schrijver Norman Mailer.

Op de hoek van Montague Street neemt u rechts de doorgang onder de Brooklyn Queens Expressway. Zo bereikt u de **oeverpromenade** 3, waar u van een adembenemend zicht op Manhattan kunt genieten.

Op de terugweg loopt u verder Montague Street in die met zijn aardige cafés en winkels de slagader van Brooklyn Heights vormt. U loopt naar Clinton Street die met **St. Ann's Church** **4** uit 1834 de grens van de buurt markeert. Op Clinton Street gaat u rechtsaf, kruist Joralemon Street en loopt door tot Atlantic Avenue.

De naam Brooklyn is overigens een Engelse verbastering van Breuckelen, dat midden 17e eeuw door WIC-Nederlanders werd gesticht

Eeen nieuwe trendy wijk

Atlantic Avenue, eens een straat vol armoedige dumpzaken en autowerkplaatsen, heeft zich tot de boulevard van het gerevitaliseerde gebied ontwikkeld. Ze verbindt de wijken Boerum Hill, Carroll Gardens en Cobble Hill, die door makelaars in hun reclame graag worden samengevat als de nieuwe wijk-in-opkomst 'BoCaCo'. Langs Atlantic Avenue vindt u een groot aantal jonge boetieks en authentieke buurtcafés als **Waterfront Ale House** **1**.

Als u van Clinton Street linksaf Atlantic Avenue opgaat is het nog drie straten totdat aan de rechterkant Smith Street ligt. **Smith Street** **5** is omzoomd door uitstekende restaurants en cafés die allemaal beduidend goedkoper en ontspannener zijn dan de opgefokte gastronomie van Manhattan. Zeer geliefd in het Brooklynse wereldje is **Bar Tabac** **2** voor een lunch in het weekend. Een tip voor de lichte-

re, elegante maar betaalbare moderne Amerikaanse keuken: **Grocery** **3**. Ook in de parallel aan Smith Street verlopende Court Street zijn er trendy cafés. 'Brooklynites' komen graag in **Sweet Melissa's** **4**. Bij Bergen Street kunt u subwaylijn F nemen, terug naar Manhattan.

Trendy wijk Williamsburg

BoCaCo is het gebied van de snellere creatieve professionals. Het jonge, hippe wereldje van studenten, kunstenaars en muzikanten heeft zich daarentegen in Williamsburg gevestigd. U bereikt **Williamsburg** **6** het gemakkelijkst via de Williamsburg Bridge of met subway L tot Bedford Avenue. Bedford Avenue, de belangrijkste straat van de wijk, wordt omzoomd door jonge, coole cafés, koffietenten en boekwinkels.

In de avond komt Williamsburg pas echt tot leven. Tot de trendy clubs, waar je nu de sterren van morgen kunt horen, hoort de **Music Hall of Williamsburg** **1**, 66 North Sixth St., Brooklyns centrale concerthal (bijna elke avond livemuziek, in elk geval do.-zo. vanaf 22 uur, tickets en informaties: www.musichallofwilliamsburg.com), en **Pete's Candy Store** **2** (709 Lorimer St., tel. 1 718 302 37 70, www.petescandystore.com, dag. livemuziek 20-2 uur). De voormalige snoepwinkel is een trefpunt van de Brooklynse undergroundscene.

Eten en drinken

Waterfront Ale House **1**: traditioneel buurtcafé (ook wel Pete's Ale House genoemd), een echte kroeg met bier en hamburgers, 155 Atlantic Ave. tussen Henry en Clinton St., tel. 1 718 522 37 94, www.waterfrontalehouse.com, dag. 11.30-22.30 uur.
Bar Tabac **2**: 128 Smith St., tel. 1 718 923 09 18, www.bartabacny.com, zo.

-do. 10-1, vr./za. 10-3 uur, buurttrefpunt met Franse bistrokeuken, prima om te lunchen/brunchen.
Grocery **3**: 288 Smith St., tel. 1 718 596 33 35, www.thegroceryrestaurant.com, di.-do. 17.30-22, vr./za. 17.30-23 uur.
Sweet Melissa's **4**: 276 Court St., tel. 1 718 855 34 10, www.sweetmelissa patisserie.com, ma.-do. 7.30-22, vr. 7.30 tot 24, za. 8-24, zo. 8-22 uur.

15 Met de subway naar het strand – Coney Island

Kaart: ▶ kaart 4, C/D5
Vervoer: subway D, F, N tot Stillwell Avenue/Coney Island

De gouden tijden van Coney Island liggen ruimschoots achter ons. Het is meer dan 50 jaar geleden dat de New Yorkse badplaats, slechts drie kwartier met de subway van Manhattan, weekend na weekend zo veel mensen aantrok dat het kilometerslange strand nauwelijks nog als zodanig herkenbaar was. Nu zijn legendarische attracties als roller coaster (achtbaan) The Cyclone, Deno's Wonderwheel (reuzenrad) en de Parachute Jump nog slechts herinneringen aan een voorbije periode. Maar juist die sfeer van licht verval op het schiereiland onder Brooklyn draagt bij aan de bijzondere uitstraling van Coney Island.

Coney Island is nog altijd het strand van de gewone mensen – dikwijls getatoeeerde en soms wat logge lichamen met de meest uiteenlopende huidskleuren bepalen het beeld op een mooie zomerdag. De kramen aan de legendarische boardwalk prijzen met verbleekte, handgeschreven bordjes hun bier, hotdogs, ijsjes en verse mosselen met frites aan. Op de pier proberen Puertoricaanse vissers in hun levensonderhoud te voorzien. Stamgasten uit de buurt zitten 's ochtends al aan de toog van Ruby's Bar om de kleurrijke bedrijvigheid aan zich voorbij te laten trekken.

Oudste hotdog-kraam van de VS

De eerste halte op Coney Island, als men uit het prachtig gerestaureerde subwaystation op Stillwell Avenue komt, is altijd het worstpaleis van **Nathan's Famous** 1. De Amerikaanse versie van een broodje worst werd hier weliswaar niet uitgevonden maar aan de overkant in een Duitse Biergarten die er nu niet meer is. Nathan's braadt sinds 1916 runderworstjes en is zo toch de langstbestaande hotdog-tent in de Verenigde Staten.

Vanaf Nathan's leidt het pad rechtstreeks naar het strand. Het is de moeite waard daar even naar rechts te gaan om naar het voormalige **Child's Restaurant** ① te lopen. Het gebouw uit 1924. dat vroeger een voorname gelegenheid herbergde, is nu een ruïne, een prachtige ruïne. De Arabische bogen en de oude terracotta-fresco's vermengd met de graffiti op het afbrokkelende pleisterwerk vormen een geschikt filmdecor.

Meteen achter Child's staat de gerenoveerde **Parachute Jump** ②, eens de topattractie van het 'Steeplechase', een van de vier fantastische amusementsparken die Coney Island in de jaren '20 en '30 van de vorige eeuw tot een wereldsensatie maakten. Destijds konden bezoekers zich van tientallen meters hoogte in het zand storten, met een parachute om natuurlijk; nu is het staketsel een aandenken. Verder is van Steeplechase Park niets meer over. Achter de Parachute Jump ligt nu op die plaats het **baseballstadion** ③; hier aan het strand spelen de Brooklyn Cyclones hun thuiswedstrijden.

Hier begint u een wandeling over de boardwalk (promenade) in oostelijke richting. U loopt voorbij de Steeplechase-Pier die meestal wordt bevolkt door barbecuende latinofamilies. U loopt verder naar overgebleven rij kiosken en kramen met de bekende **Ruby's Bar** ②; bij een biertje en en Frank Sinatra-liedje uit de jukebox kunt u de muur bewonderen met een buitengewone verzameling historische Coney Island-foto's. Achter de rij kiosken en kramen liggen de twee overgebleven attractieparken van Coney Island: **Luna Park** ④ en **Deno's Wonderwheel Park** ⑤. De attracties komen in vergelijking met moderne parken als Disneyland een beetje zelf-

Overigens: twee keer per jaar trekken honderdduizenden New Yorkers naar Coney Island om daar een groot spektakel bij te wonen. De eerste keer is als het zomerseizoen officieel begint, het tweede weekend van juni. Dan wordt het strand geopend met de 'Mermaid'-Parade. Een deel van de 60.000 inwoners van Coney Island marcheert daarbij in uitzinnige outfits over Surf Avenue, veel vrouwen zijn topless zeemeermin. Het aansluitende strandfeest duurt tot diep in de nacht.
Het tweede grote spektakel vindt plaats op 4 juli, in de VS een nationale feestdag. Op Coney Island wordt dan het officieuze wereldrecord hotdog-eten gehouden. Het record staat op 68 ½ worst in 10 minuten. Het komt regelmatig tot een duel tussen de grote kampioen Joey Chestnut en zijn Japanse uitdager Takeru Kobayashi. Aansluitend is er op het strand een groot vuurwerk.

gebreid over maar beschikken mede daardoor over de charme van een vorige tijd waarin kinderen nog konden warmlopen voor een eenvoudige draaimolen. En over een 80-jaar-oude achtbaan scheuren zorgt ook wel voor een bepaalde zenuwprikkel. Beide parken zijn in 2010 opnieuw geopend. Dat hoorde bij de eerste fase van een compleet nieuwe bebouwing van Coney Island, met hotels, luxeappartementen en moderne attracties. De planning voor deze sanering is echter nog onduidelijk.

Als u vanaf de boardwalk over 12th Street weer naar Surf Avenue loopt, komt u bij die kruising uit bij Dick Ziguns **Sideshows by the Seashore** ⑥. De voormalige toneelregisseur heeft daar een klein Coney Island-museum ingericht en voert het hele seizoen klassieke Coney Island-acts op: degenslikkers, slangenmensen, vrouwen met baard, het doorgezaagde meisje en artiesten die zichzelf lange spijkers door het hoofd slaan. In de 'Freak Bar' onder het museum kunt u wat drinken bij livemuziek.

Klein-Odessa aan de zee

Het eigenlijke Coney Island eindigt hier ook al gaat de promenade nog kilometers verder naar het oosten. Voorbij het **Aquarium** 7 bereikt u al gauw het deel dat Brighton Beach heet – een wijk van Russische immigranten die al vele tientallen jaren intact is. Direct aan het strand kunt u bij **Tatiana's** 3 van borsjt (rode-bietensoep) en gerookte vis met wodka genieten. Of u gebruikt iets in een van de vele Russische cafés op de evenwijdig lopende Brighton Avenue. In het Russische warenhuis **M & I International Foods** 4 kunt u op een groot buffet Russische specialiteiten uitkiezen en eventueel ter plaatse in de cafetaria uitproberen.

- -

Eten en drinken

Nathan's Famous (Hot Dogs) 1: Amerika's oudste worstpaviljoen, direct tegenover het subwaystation Stillwell Avenue. 1 Jericho Plaza, tel. 1 516 338 85 00, www.nathansfamous. com.

Ruby's Bar 2: legendarische boardwalk-kroeg van Rubin Jacobi, die als kleine joodse jongen hier aan het strand knishes (hartige deegsnack) heeft verkocht. 219 Mulberry St., tel. 1 212 925 57 55, apr.-okt. dag. 11-2 uur.

Tatiana Restaurant 3: 3152 Brighton 6th St., ook een ingang aan de boardwalk, tel. 1 718 891 51 51. In het zomerseizoen dag. 12-24 uur. U kunt hier de zalmtartaar met rode kaviaar uw tong laten strelen of Tatiana's beroemde spinazie-borsjt proberen terwijl u uitkijkt op de open zee.

Attracties

Sideshows by the Seashore, Freak Bar en Coney Island Museum 6: Surf Ave. hoek West 12th St., rariteitenkabinet en een wat merkwaardig café dat wel de bizarre uitstraling van Coney Island conserveert, tel. 1 718 372 51 59, tijdens het seizoen dag. 13-20 uur.

Deno's Wonderwheel 5: West 12th St., tel. 1 718 372 25 92. Het lunapark rondom het oude reuzenrad dat boven Coney Island uitsteekt is niet lang geleden gerestaureerd en in 2010 heropend. Apr.-okt. dag. van 11 uur tot middernacht. Een 'ritje' in het reuzenrad (Wonderwheel) kost $ 6 voor volwassenen en $ 3 voor kinderen.

Luna Park 4: 1000 Surf Ave. tel. 1 718 373 58 62, www.lunaparknyc.com. Openingstijden ma.-vr. 12-24, za./zo. 11-24 uur. Een kaartje voor 4 uur kost $ 26, in het weekend $ 30, ook voor kinderen. Ook dit tweede lunapark aan de promenade is in 2010 heropend. Hier vindt u onder meer een een achtbaan, een kinderdraaimolen en attracties als de Brooklyn Flyer, een 30 m hoge schommel.

Flora en fauna

Brooklyn Botanic Garden ▶ kaart 4, D 4

1000 Washington Ave./Montgomery St., tel. 1 718 62 32 20, www.bbg.org, subway: 2, 3 tot Eastern Parkway, B, Q, S tot Prospect Park, apr.-sep. di.-vr. 8-18, za./zo. 10-18, okt.-mrt. di.-vr. 8-16.30, za./zo. 10-16.30 uur, entree: volwassene $ 8, gereduceerd $ 4, kinderen tot 12 jaar gratis

In welk jaartgetijde u ook de weg naar Brooklyn inslaat, er staat altijd wel iets in bloei in de botanische tuin. Het mooist is misschien wel een bezoek in de rozentijd (juni): met 5000 planten in 1400 verschillende soorten is de Cranford Rose Garden een belevenis voor ogen en neus. Wie zijn reukzin nog niet overbelast heeft, moet aansluitend een wandeling door de 'Fragrance Garden' (parfumtuin) maken. Uitrusten kunt u dan tussen de bruggen, rotsen en lampions van de 'Japanse heuvelen vijvertuin'. In elk geval moet u een rondje door het glazen Bonsai Museum overwegen.

Central Park Zoo ▶ E-F 3

830 Fifth Ave./64th St., tel. 1 212 439 65 00, www.wcs.org, subway: N, R, W tot Fifth Ave./59th St., 4, 5, 6 tot 59th St., mrt.-okt. ma.-vr. 10-17, za./zo. 10-17.30, nov.-apr. dag. 10-14.40 uur, entreet: volwassene $ 12, kinderen tot 12 jaar $ 7, tot 3 jaar gratis

Tussen het struikgewas van Central Park kun je er gemakkelijk overheen kijken. Groot is de dierentuin niet, boeiend zeker wel. De ijsberen zijn nog altijd de grootste attractie maar ook de aaizone is altijd overladen met enthousiast gillende kinderen. Dat is het nadeel van deze zoo: niet zelden moet je in het gedrang een plekje bevechten om iets van de dieren te kunnen zien.

New York Botanical Garden ▶ buiten de kaarten

Bronx River Pkwy./Fordham Rd., tel. 1 718 220 03 00, www.nybg.org, subway: B, D tot Kingsbridge Rd., di.-zo. 10-18 uur, entree: volwassene $ 20, kinderen tot 12 jaar $ 8

Meer dan vijf keer zo groot als de tegenhanger in Brooklyn is de botanische tuin in de Bronx. Een dag is amper genoeg om alles te bekijken. Het park is het gehele jaar geopend; afhankelijk van het weer kunt u de mooiste bloeiende planten binnen of buiten bekijken. Bij hoge temperaturen zijn de waterlelies in de tropische vijver op zijn mooist, in het voorjaar staan de kersebomen in bloei en van november tot januari is de Holiday Train Show met rond het modelspoor miniatuur-replica's van enkele New Yorker bezienswaardigheden de grootste attractie; kijk voor kaartjes op de website.

Gebouwen, architectuur

Carnegie Hall ▶ E 3

154 West 57th St., www.carnegiehall. org, subway: F, N, Q, R, W tot 57th St.
Tsjaikovsky, Bernstein, Caruso, Jagger

en Lang Lang – alle groten van de muziekgeschiedenis hebben hier gespeeld, gedirigeerd, gezongen en de legendarische akoestiek geprezen. Sinds 1891 geldt: wie in Carnegie Hall op het podium staat, die heeft het gemaakt. Rondleidingen van een uur bieden een blik achter de coulissen en in de geschiedenis van het gebouw, net als het eigen 'The Rose Museum' (tel. 1 212 903 97 65).

City Hall ▶ B 11

Broadway/Murray St., tel. 1 212 639 96 75, www.nyc.gov, subway: R, W tot City Hall, 4, 5, 6 tot Brooklyn Bridge/ City Hall, gratis rondleiding na telefonische afspraak

Het indrukwekkende witte gebouw, dat altijd als stadhuis heeft gediend, is een van de oudste van de natie. Na ruim tien jaar bouwtijd werd het in 1812 geopend; het was een symbool van de opkomst van New York als wereldstad. De rondleiding geeft een beeld van de binnenkant van het stadhuis en van Tweed Courthouse.

Chrysler Building ▶ E 5

405 Lexington Ave./42nd St., subway: 4, 5, 6, 7, S tot Grand Central/42nd St.
Een korte periode was het Chrysler Building het hoogste gebouw van Manhattan – tot het Empire State Building die titel stal. Maar groter is niet altijd beter en zeker niet mooier. Dat bewijst de in 1926 gebouwde wolkenkrabber met zijn wereldberoemde chromen spits. Het beste zicht op het Chrysler heeft u vanaf het Empire, maar ook op de begane grond langs het art-decogebouw lopen is de moeite waard. Dan kunt u de waterspuwer bewonderen op de 59e verdieping en de adelaar op de 61e. Als toerist mag je helaas niet naar boven. Een blik in de hal moet u echter wel even wagen: van 7 tot 18 uur kunt u het marmer en graniet met sierlijke details bekijken.

Dakota Building ▶ E 2

1 West 72nd St./Central Park West, subway: B, C tot 72nd St.
Voor de een is dit het groezelige appartementengebouw uit Polanski's 'Rosemary´s Baby', voor de ander de tragische plek waar John Lennon voor de deur werd neergeschoten. Ja, zijn weduwe Yoko Ono woont hier nog altijd en nee, je kunt niet zomaar over de binnenplaats lopen. Het Dakota is voor alles een privé-woongebouw en het is nog altijd een van de meest begeerde en duurste adressen van de stad.

Empire State Building ▶ D 6

350 Fifth Ave./33rd St., www.esbnyc. com, subway: B, D, F, N, Q, R, V, W tot 34th St./Herald Sq., dag. 8-2, laatste lift naar boven 1.15 uur, volwassenen $ 20, kinderen $ 14, ouderen $ 17, Express-Pass $ 45, 102e verdieping kost $ 15 extra
Wat zou een reisje naar New York zijn zonder het uitzicht vanaf de beroemdste wolkenkrabber van de stad? Precies: ondenkbaar. Pas op het uitzichtplatform op de 86e verdieping begrijp je Manhattan het best, het gehaast van de taxi's en van de mensen. Indien mogelijk moet u het zo plannen dat u hier voor zonsondergang bent, dan heeft u straks zowel daglicht- als avondfoto's. Maar pas op: de rijen zijn lang en de veiligheidscontroles streng; lange wachttijden moeten dus ook worden ingepland. De verlichting van het bovenste deel verandert overigens op feestdagen of bij bijzondere gelegenheden. Wat de kleuren betekenen is op de website te lezen. Het geld voor de saaie audiotour kunt u beter in de zak houden of uitgeven aan de 'Skyride', een virtuele achtbaanrit door New York.

Flatiron Building ▶ D 7

175 Fifth Ave./22nd St., subway: N, R, W tot 23rd St.

Wat hebben de New Yorkers in 1902 over het aan één kant slechts 2 m brede gebouw van Daniel Burnham gelachen. Spottend werden bijnamen bedacht als Schandvlek, Taartpunt en Strijkijzer en dat waren nog aardige etiketjes. Men wist vooral zeker dat het gebouw bij de eerste storm zou omvallen en er werden weddenschappen geplaatst over hoever het puin dan zou reiken. Alle laster ten spijt, het intrigerende wigvormige gebouw met de geuzennaam staat er nog en hoort tot de meest gefotografeerde plekken in New York.

Frank Gehry Building
Chelsea ▶ B 6

555 West 18th St., subway: C, E tot 23rd St.

Als een reusachtige ijsberg steekt het Gehry-gebouw aan de oever van de Hudson de hemel in. 's Avonds is de melkwitte gevel in diverse kleuren verlicht; de eens wat smoezelige hoek aan de rand van Chelsea werd daardoor tot een prikkelend architectuur-monument. Naar binnen gaan is slechts voorbehouden aan de medewerkers van het internetbedrijf IAC dat hier is gevestigd.

Grant's Tomb ▶ kaart 4, D 1

Riverside Dr./122nd St., www.grants tomb.org, subway: 1 tot 125th St., dag. 9-17, rondleidingen 12-14 uur

In het grootste mausoleum van de VS hebben Ulysses S. Grant en zijn vrouw Julia Dent hun laatste rustplaats gekregen. Wie is geïnteresseerd in het leven van de vroegere president en zijn rol in de Burgeroorlog, kan een rondleiding volgen door de achterkamers.

Hearst Tower ▶ D 3

300 West 57th St./Eighth Ave., www. hearst.com, subway: 1, A, B, C, D tot 59th St./Columbus Circle

William Randolph Hearst, legendari-sche mediamagnaat, was bekend vanwege zijn streven om oud en nieuw te verbinden. De Hearst Tower zet deze traditie voort. De oorspronkelijke art-deco-onderbouw was in de jaren '20 een opdracht van Hearst zelf. Daarop staat sinds 2006 een modern gebouw van staal en glas, echt een ontwerp van Norman Foster. Ruim 90% van dit 'duurzame' gebouw bestaat uit hergebruikte materialen. De regenwateropvang op het dak wordt gebruikt voor het koelsysteem, bijvoorbeeld in de spectaculaire 'Ice Falls' in het hoge atrium. Die hal is te bezichtigen; de rest van het kantoorgebouw niet.

Lincoln Center for the Performing Arts ▶ D 2

Broadway/62nd Str., www.lincoln center.org, subway: 1 tot 66th St./ Lincoln Center

Wie van cultuur houdt, vooral van klassieke muziek en drama, die kan richting Lincoln Center. Het grootste centrum voor podiumkunsten ter wereld telt elf instellingen die de hele breedte van de opvoerende kunst naderbij brengt: symfonische muziek, kamermuziek, opera, toneel, film en dans. Tussen 2006 en 2010 is het hele complex, dat enkele blocks beslaat, gerenoveerd door het New Yorkse architectenbureau Diller Scofidio + Renfro. Het resultaat werd een van de meest innovatieve complexen van de stad met grasdak, verlichte trappen en imposante glasgevels. De verlichte fontein voor de Metropolitan Opera bleef optisch het middelpunt. Net als vóór de film 'Moonstruck' met Cher dient die als romantisch ontmoetingspunt. Inmiddels heeft ook de modewereld hier een onderkomen gekregen: de New York Fashion Week verruilde Bryant Park voor dit culturele brandpunt van Manhattan. Een boeiend kijkje achter de schermen van de Met, het New York

State Theater en de Avery Fisher Hall biedt de Lincoln Center Tour (tel. 1 212 875 53 50).

Madison Square Garden ▶ C 5

4 Penn Plz./31st St., www.thegarden. com, subway: A, C, E, 1, 2, 3 tot 34th St./Penn Station, rondleiding 11-15 uur, volw. $ 18,50, kinderen $ 12
Een logistiek meesterwerk: dankzij verplaatsbare podia kunnen hier 's middags clowns optreden en 's avonds ijshockyers rondraggen. Bij concerten vinden 20.000 bezoekers een plaats. Als u altijd al eens achter de schermen van zo'n grote evenementenhal heeft willen kijken is de 1 uur durende 'All Access' tour interessant. Die voert diep in de ingewanden van de beroemdste arena ter wereld en u kunt toekijken bij de opbouw van de bühnen.

New York Public Library ▶ D/E 5

Fifth Ave./42nd St., www.nypl.org, subway: B, D, F, V tot 42nd St./Bryant Park, ma., do.-za. 11-18, di./wo. 11-19.30 uur, rondleiding di.-za. 11, 14, zo. 14 uur
De door twee leeuwen geflankeerde bibliotheek biedt wisselende exposities met kunst, geschiedenis of wetenschap, een mooie cadeauwinkel en een indrukwekkende leeszaal. Boeken zijn er natuurlijk ook: ca. 9 miljoen stuks!

Seagram Building ▶ E 4

375 Park Ave./53rd St., subway: 6 tot 51st St.
Ludwig Mies van der Rohe ontwierp deze wolkenkrabber (1958) van staal en glas, tot op heden het elegantste gebouw in zijn soort genoemd. Het markeert een omslag in de New Yorkse architectuur. Tot de bouw van het Seagram werden bijna alle torens in het bovendeel steeds smaller; de hemel moest ook nog te zien zijn. Ter compensatie van de inperking van het

hemelzicht moesten architecten openbare ruimtes met veel groen in hun ontwerpen integreren. Resultaat: in de wolkenkrabberjungle vindt u overal kleine plantsoentjes om te lunchen of uit te rusten.

United Nations Headquarters ▶ F 5-6

Bezoekersingang: First Ave./46th St., tel. 1 212 963 86 87, www.un.org, subway: 4, 5, 6, 7, S tot 42nd St./Grand Central, rondleiding ma.-vr. 9.45-16.45 uur, elk halfuur, geen kinderen onder 5 jaar. volw. $ 16, kinderen $ 9
Wie door de poorten van het hoofdkantoor van de Verenigde Naties treedt, bevindt zich op internationaal territorium. Sinds 1951 staat dit gebouw van een internationaal architectenteam rond Oscar Niemeyer aan East River. U wordt begroet door The Knotted Gun, een onklaar gemaakt wapen, een symbolisch werk van de Zweedse kunstenaar Carl Frederik Reuterswärd. Hoogtepunten van de rondleiding zijn de geschiedenis, een indruk van de dagindeling en het blauwe glasmozaiek van Chagall in de hal. Tip: ansichtkaarten vanaf het UN-postkantoor versturen; alleen zo komt u aan die exclusieve postzegels.

Kerken

Cathedral of Saint John the Divine ▶ kaart 4, D 1

1047 Amsterdam Ave./112th St., www.stjohndivine.org, subway: 1 tot Cathedral Pkwy./110th St., ma.-za. 7-18, zo. 7-19 uur, rondleiding di.-za. 11 en 13, zo. 14 uur
De bouw begon in 1892 en men denkt dat de kerk voltooid is in 2050. Dan zal St. John the Devine, bijgenaamd St. John the Unfinished, zo groot zijn als de Notre Dame en Chartres bij elkaar. Maar ook voor die tijd loont een be-

zoek aan de bouwplaats. Wie hoog de lucht in wil moet de 'Vertical Tour' nemen (za. 12, 14 uur, $ 15), die voert over smalle wenteltrappen tot aan de torenspits op ruim 40 m hoogte. Het grote schip staat bekend om zijn goed akoestiek, wekelijks beproefd tijdens klassieke concerten. Als u de eerste zondag van oktober hier bent zou u moeten gaan kijken naar de zegening der dieren. Tot wel 6000 vogels, honden, slangen en misschien olifanten worden dan hiernaartoe gesleept voor de zegen.

Grace Church ▶ D 8

802 Broadway/Tenth St., tel. 1 212 254 20 00 ext. 6, www.gracechurchnyc. org, 'Bach at Noon' sep.-mei di.-vr. 12.20-12.50, juni-aug. wo. 12.20-12.50 uur

Deze kleine kerk loopt u gemakkelijk voorbij, op weg van Lower Broadway naar Union Square, en dan mist u een mooi kerkje. Op veel werkdagen speelt de organist een halfuur Bach-muziek in de lunchpauze.

Mahayana Buddhist Temple ▶ C 10

133 Canal St./Manhattan Bridge Plaza, subway: B, D tot Grand St., dag. 8-18 uur

Een wandeling door Chinatown moet echt ook langs de kleurige, massieve Mahayana Buddhist Temple aan de voet van Manhattan Bridge voeren. Voor een gift van $ 15 krijgt u uw persoonlijke rubberen geluksarmband. Achter in de tempel troont de grootste boeddha van de stad. Deze gebedsplaats was niet altijd even heilig: in een eerder leven heette het gebouw 'The Rosemary Theater' en draaiden hier pornofilms.

Riverside Church ▶ kaart 4, D 1

490 Riverside Dr./120th St., www.the riversidechurchny.org, subway: 1 tot 116th St./Columbia University, dag. 9.30-16.30 uur, rondleiding ma.-vr. 9-16 uur, aanmelden verplicht, volw. $ 10, kinderen tot 10 jaar gratis

Dr. Martin Luther King verkondigde in 1967 zijn beroemde protest tegen de Vietnamoorlog vanaf deze kansel en de nog maar pas vrijgelaten Nelson Mandela richtte zich hier tijdens zijn eerste bezoek aan de VS tot het hele volk. De Riverside Church ligt misschien wat afgelegen maar dat doet aan het belang van de kerk in de geschiedenis geen afbreuk. De (neo-)gotische architectuur is naar het voorbeeld van de kathedraal van Chartres in Frankrijk. Het grote complex beslaat bijna een heel block. Na de mis op zondagochtend is er rond 12.15 uur gelegenheid om kosteloos een rondleiding mee te maken door de kerk, langs de kapellen en rond de kansel.

Saint Bartholomew's Church ▶ E 4

325 Park Ave./51st St., www.stbarts. org, subway: E, V tot Lexington Ave./53rd St., dag. 7.30-19 uur, gratis rondleiding zo. 12.15 uur

St. Bart´s is meer dan zomaar weer een drukke kapel in Midtown Manhattan. Het meest bekend is de kerk door de koorconcerten, de toneeluitvoeringen en het grootste orgel van de stad. De kerk nodigt tot meer dan bidden uit: 's zomers is er een heerlijk terras met koffie, cocktails, lunch, diner en op zondag een brunch; restaurant 'Inside Park' is het hele jaar geopend (www. insideparknyc.com).

St. Paul´s Chapel ▶ B 11

Broadway/Fulton, subway: 4, 5, 2, 3, A, C tot Broadway/Nassau Street, ma.-vr. 10-18, za. 10-16, zo. 7-15 uur

Een toevluchtsoord voor lawaaislachtoffers. New Yorks oudste nog bestaande kerk werd in 1766 gebouwd en vaak

Museum of Natural History – ook leuk voor kinderen

door George Washington bezocht. Het interieur is in Georgian style (Engelse rococo), typisch voor de koloniale periode.

Temple Emanu-El ▶ F 3

1 East 65th St./Fifth Ave., www.ema nuelnyc.org, subway: N, R, W tot Fifth Ave./59th St. zo.-do. 10-16.30, vr. 10-15, za. 12-17 uur

In 1845 stichtte een groep van 37 Duitse immigranten de eerste joodse gemeente in New York – tegenwoordig heeft Temple Emanu-El ongeveer 10.000 leden en is een van de grootste joodse gebedshuizen ter wereld. 2500 Gelovigen kunnen zitten in de lange rijen banken die, bekleed met robijnrode stof, ongeveer een half voetbalveld kunnen bedekken. Interessant is ook de judaïcaverzameling in het Herbert & Eileen Bernard Museum (zo.-do. 10-16.30 uur).

Musea

American Museum of Natural History ▶ E 1

Central Park West/79th St., tel. 1 212 769 51 00, www.amnh.org, subway: 1 tot 79th St., B, C tot 81st St., dag. 10-17.45 uur, entree: volwassene $ 16, kinderen $ 9.

Het dinosauriërskelet in de hal heeft al generaties lang kinderen sprakeloos gemaakt. Na een grondige renovatie vonden de meer dan 600 dinosauriër-fossielen van de verzameling een goede eigen plek. Spectaculair: de Biodiversity-hal waar een Afrikaanse biotoop tot op de kever nauwkeurig is nagebootst. Hoogtepunt is echter het glazen Rose Center for Earth and Space, dat het ontstaan van het universum behandelt en een planetarium omvat.

Brooklyn Museum ▶ kaart 4, D 4

200 Eastern Pkwy./Washington Ave., tel. 1 718 501 64 09, www.brooklyn museum.org, subway: 2, 3 tot Eastern Pkwy., wo.-vr. 10-17, za.-zo. 11-18 uur, entree: $ 10, tot 12 jaar gratis

Alleen het Metropolitan Museum is groter: ruim 1,5 miljoen werken bevat de verzameling die zo ongeveer elke periode in de kunstgeschiedenis behandelt. Het mooie beaux-artsgebouw zou groter zijn geworden dan het Louvre – als het ooit was voltooid.

Children's Museum of Manhattan ▶ E 1

212 West 83rd St./Broadway, tel. 1 212 721 12 34, www.cmom.org, subway: 1 tot 79th St., di.-zo. 10-17 uur, entree: $ 10,kinderen tot 12 maanden gratis

Je mag overal aanzitten, er in schreeuwen, er op stampen: in de Soundsfuntentoonstelling kunnen kinderen door een reuze-oor klauteren en daarbij tonen produceren, een brug 100 verschillende klanken ontlokken of op slagwerk en bongo's trommelen.

National Museum of the American Indian ▶ A 12

1 Bowling Green, tel. 1 212 514 37 00, www.americanindian.si.edu, subway: 4, 5 tot Bowling Green, R, W tot Whitehall St., 1 tot South Ferry, dag. 10-17, do. tot 20 uur, gratis entree

Het lot van de oorspronkelijke bewoners van Amerika na aankomst van de blanken staat centraal in het grote gebouw. Aan instellingen als dit museum is het te danken dat de cultuur van het continent deels bewaard blijft, waarmee het zelfbewustzijn van de *native Americans* wordt gesterkt. Concept en uitvoering de tentoonstelling is in handen van Indianen. Dat het deel uitmaakt van het Smithsonian merk je aan de grote collectie schilderijen over krijgers, westernlandschappen en stamafbeeldingen.

South Street Seaport Museum ▶ B 12

12 Fulton St., tel. 1 212 748 86 00, www.seany.org, subway: 2, 3, 4, 5, A, C, J, M, Z tot Fulton St./Broadway/ Nassau, jan.-mrt. do.-zo. 10-17, apr.- dez. di.-zo. 10-18 uur, entree: volwassene $ 15, gereduceerd $ 12

Liefdevol samengestelde collectie rond de haven van New York. 's Zomers kan men de zeilen van een schoener hijsen.

The Cloisters ▶ kaart 4, t.n.v. D 1

Fort Tryon Park, tel. 1 212 923 37 00, www.metmuseum.org, subway: A tot 190th St., mrt.-okt. di.-zo. 9.30- 17.15, nov.-feb. 9.30-16.45 uur, volwassene $ 20, kinderen tot 12 jaar gratis, kaartje is ook geldig voor het Metropolitan Museum

Potsierlijk allegaartje van in Spanje en Frankrijk bij elkaar gezochte gebouwen en muren. Romaanse kapellen, kruisgangdelen en gotische kerkzalen werden begin 20e eeuw over de Atlantische Oceaan verscheept en op Noord-Manhattan, hoog boven de Hudson, aan elkaar gebouwd. Europeanen vinden dit doorgaans wat merkwaardig maar Amerikaanse bezoekers raken bij het zien van de geïmporteerde middeleeuwen in extase. Mooie, verzorgde tuin met een verrukkelijk uitzicht op de Hudson.

The Morgan Library and Museum ▶ E 6

225 Madison Ave./36th St., tel. 1 212 685 00 08, www.morganlibrary.org, subway: 6 tot 33rd St., di.-do. 10.30- 17, vr. 10.30-21, za. 10-18, zo. 11-18 uur, entree: volwassene $ 12, gereduceerd $ 8, vr. 19-21 uur gratis

De privéverzameling J. Pierpont Morgan is een van de mooiste kleine schatten van de stad. Boeken, manuscripten, schilderijen en sieraden worden in een chic gebouw van Renzo Piano perfect gepresenteerd. Een pronkstuk is de hoge bibliotheek waar in december Dickens' manuscript van 'A Christmas Carol' ligt opengeslagen.

The Museum of the City of New York ▶ kaart 4, D 1

1220 Fifth Ave./103rd St., tel. 1 212 534 16 72, www.mcny.org, subway: 6 tot 103rd St., di.-zo. 10-17 uur, entree $ 10, kinderen tot 12 jaar gratis

Drie eeuwen stadsgeschiedenis in een

voornaam koloniaal gebouw. Wie veel over New York wil weten, zit hier goed.

Whitney Museum of American Art ▶ F 2

945 Madison Ave./75th St., tel. 1 212 570 36 00, www.whitney.org, subway: 6 tot 77th St., wo./do., za./zo. 11-18, vr. 13-21 uur, entree: volwassene $ 18, 19-25 jaar $ 12, t/m 18 gratis

Zin in behoorlijk ongebruikelijke hedendaagse kunst? Op naar het Whitney dan. De moedige keuze van werken uit de 20e eeuw trekt toch hele stromen bezoekers aan. Daarom is het verstandig een doordeweekse middag te kiezen. Anders staat u tot om de hoek van het block in de rij. Zelfs dan is het overigens de moeite waard. De permanente tentoonstelling omvat circa 18.000 objecten, waaronder werken van Georgia O'Keeffe, Andy Warhol, Charles Sheeler en Jackson Pollock.

Parken

Bryant Park ▶ D 5

Sixth Ave., tussen 40th en 42nd St., www.bryantpark.org, subway: B, D, F, V tot 42nd St.

Het kleine park is bij wijze van spreken de tuin van de aangrenzende bibliotheek en wordt door de New Yorkers ook gretig als zodanig gebruikt. Hier kunt u de chique modemensen en managers aantreffen bij een 'power lunch' (vergadering). En menigeen neemt de laptop mee om op een bankje verder te werken, dankzij het gratis wifi. In de zomer zijn er yogalessen op het grasveld, 's avonds concerten en openluchtbioscoop. Sinds kort staan hier zelfs enkele tafeltennistafels en een buitenbibliotheek ter beschikking.

Prospect Park ▶ kaart 4, D 4

450 Flatbush Ave., www.prospect park.org, B, Q, S tot Prospect Park

Zo mooi als Central Park ook is – zijn evenknie in Brooklyn is nog wat oorspronkelijker, wilder en heeft wat meer hoekjes. Dat komt misschien ook omdat er nergens hoge gebouwen zijn te zien. Op het grasveld of aan het meer kun je zomaar vergeten dat het bruisende Manhattan dichtbij ligt. Maar vervelen zult u zich niet: tai chi, afrikaanse trommelaars, gospelmuziek, films en jazz-op-zondag wisselen elkaar af. De website geeft meer informatie over alle sporten en activiteiten als 'birdwatching'.

Tompkins Square Park ▶ E 9

Seventh St./Ave. A, subway: F, V tot Lower East Side/Second Ave.

Vroeger een moloch en een trefpunt van dealers en verslaafden, tegenwoordig is het park in East Village weer behoorlijk verzorgd. Een bijzonder element in dit park is de hondenspeelplaats waar punkers en hippies gezamenlijk hun schatjes uitlaten. Bij het jaarlijkse halloweenfeest zorgen ze voor een enorme oploop. Dan persen baasjes en diertjes zich in gepaste kostuums en paraderen door het park. Aan het slot wordt het beste team gekozen.

Union Square Park ▶ D 7

Broadway, tussen 14th en 17th St., unionsquarenyc.org, subway: L, N, Q, R, W, 4, 5, 6 tot Union Square

Bekend vanwege zijn 'farmers market' (ma., wo., vr. en za.), de vele kunstenaarsstalletjes en ook de lange geschiedenis als verzamelpunt voor politieke protestacties. Sinds hier in 1882 de eerste Labor Day Parade plaatsvond, trekken activisten altijd graag naar 14th Street. Op zomerse dagen barst het park bijna uit zijn voegen; relaxers, lunchers, skateboarders, kinderen, kunstenaars en honduitlaters voelen zich er dan door aangetrokken.

Excursies

Atlantic City

Vanwege de mooie architectuur komt niemand naar Atlantic City. Veel meer is het bekend door de 'boardwalk', de promenade die nostalgie opwekt met betrekking tot de gouden jaren en natuurlijk de casino's. Van de vroegere jetset is aan de de stranden van New Jersey niets meer te merken. De door Bruce Springsteen bezongen stad is inmiddels een mini-Las-Vegas aan de oostkust geworden.

Vervoer: bussen van Greyhound (www.greyhound.com) en Academy Bus (www.academybus.com). Daarnaast is er sinds 2009 de ACES (Atlantic City Express Service: www.acestrain.com) die van het New Yorkse Penn Station vertrekt en ongeveer 2,5 uur nodig heeft.

Catskill Mountains

Hoe dicht de bruisende stad en de vredige natuur bij elkaar liggen bewijst een uitstapje naar de Catskills, een onderdeel van de Appalachians. Om in het circa 150 km van New York gelegen natuurgebied te komen heeft u niet meer dan twee uur nodig. Er zijn mooie wandelpaden, liefelijke dorpjes en dromerige rivieren. Een wandeling naar de Catskills Falls, een verstopte waterval, mag u niet missen. In de winter verandert het heuvellandschap in een eenvoudig maar gewild skigebied. Wie tijd heeft kan in een van de aardige Bed and Breakfasts in de omgeving van Kingston of Woodstock (precies,

het legendarische Woodstock!) overnachten. Het best kunt u een auto huren, daar kom je het verst mee buiten de stad. Het loont de moeite om dat te doen buiten NYC, bijvoorbeeld in de goed per trein te bereiken voorstad White Plains. Buiten de stad zijn huurauto's beduidend goedkoper.

Informatie: www.catskillguide.com, www.visitthecatskills.com

Long Island

Natuurlijk is er het een en ander veranderd sinds 'The Great Gatsby' hier zijn wervelende feesten gaf; maar weekend- en zomerbestemming voor de rijke New Yorkers is Long Island tot op heden gebleven. Het schiereiland strekt zich ongeveer 200 km in de oceaan uit en in het algemeen geldt: hoe verder van New York City, des te leuker zijn de plaatsjes en des te mooier zijn de stranden. De LIRR (Long Island Rail Road) heeft overal op Long Island stations en bespaart u de weekendchaos op de Highway, als iedereen op vrijdag naar het strand wil en op zondag weer terug naar de stad. Zeer beroemd, mooi en behoorlijk overlopen zijn The Hamptons. Hier ontmoeten de rijke elite en de blonde 'socialites' (voorheen high society) elkaar en samen doen ze wat ze ook in New York het beste kunnen: feesten; in de zomer natuurlijk met zand aan de voeten. Minder chic is Montauk op de punt van het schiereiland; hier kon de coole spirit van de surfers nog overeind blijven. Degelijk

Begraafplaats van Sleepy Hollow

en rustig is de Northfork, de noordelijke landtong met liefelijke plaatsjes als Orient Point en East Marion. Hier ligt de ene wijnboerderij na de andere en het kan gebeuren dat men bij de wijnproeverij helemaal niet meer aan het strand denkt. Wie nog meer rust zoekt kan per veerboot Shelter Island opzoeken of veel westelijker Fire Island. Auto's zijn daar verboden.
Algemene informatie: www.longisland.com, www.fireisland. com, www. northfork.org, www.shelter-island.org
Vervoer: LIRR (trein) vanaf Penn Station, www.mta.info/lirr of Hampton Jitney (bus), www.hamptonjitney.com

Tarrytown en Sleepy Hollow

Soms wordt New York je gewoon even te veel en wil je eigenlijk het liefst een bakkie doen in een afgelegen, in slaap gesukkeld nest. Geen harde sirenes, zich haastende zakenmensen of opgetutte fashionistas. Dat vindt u op nog geen uurtje van Manhattan. Tarrytown en Sleepy Hollow zijn twee tegen elkaar aangegroeide plaatsjes waar de tijd schijnbaar niet zo snel heeft gelopen. In het weekend zijn er in Tarrytown vaak marktjes en na een aardige lunch kunt u een wandeling maken over de Sleepy Hollow Cemetery. De begraafplaats, gesticht door Nederlandse kolonisten, werd beroemd door Washington Irving's boek 'The Legend of Sleepy Hollow' – de schrijver ligt zelf ook op het glooiende terrein begraven, net als Andrew Carnegie, Walter Chrysler, Elizabeth Arden en Brooke Astor. Het leukst zijn de avondrondleidingen bij kaarslicht: de perfecte mix van geschiedenisoverdracht en griezelsfeer. Wie nog een grote naam uit de Amerikaanse geschiedenis wil kunnen afvinken moet naar het landgoed van John D. Rockefeller gaan. De familie Rockefeller schonk de gemeente ettelijke hectaren land om een groot openbaar State Park aan te leggen. De Rockefeller-villa Kykuit (Oudnederlands) kan worden bezichtigd.
Vervoer: de Metro North/Hudson Line (trein) stopt in Tarrytown (www.mta. info/mnr/). **Informatie:** www.tarry towngov.com, www.sleepyhollowny. gov, www.sleepyhollowcemetery.org, www.hudsonvalley.org

Te gast in New York

Er is nauwelijks een aangenamer oord op Manhattan denkbaar om warme zomernachten door te brengen dan het terras van het Maritime Hotel. De architectuur en het mondaine publiek roepen een onderkoelde elegantie op en toch is het er gezellig. In no time heb je je derde Martini weggenipt en is het geheel aan je voorbij-gegaan dat het al twee uur in de nacht is. De bar is geopend tot in de ochtenduren.

Overnachten

Overzicht

Slapen waar vroeger de slagers hun bloederige handel in stukken sneden? In New York is dat hip. Geen wonder dus dat in het eens sjofele Meatpacking District de meeste luxehotels uit de grond worden gestampt. De ligging is niet zo belangrijk, het gaat om het concept. Of om de prijs, want er zijn altijd goede aanbiedingen. Daar zou u op moeten letten. Veel ruimte hebben echter zelfs de chique en dure onderkomens niet – de kamers in deze stad zijn soms klein, meestal piepklein. Voor jeugdherbergen en hostels geldt hetzelfde.

Een nieuwe trend vormen de Bed and Breakfasts. Maar pas op: zelfs als iets Bed and Breakfast heet, is vaak alleen het bed in de prijs inbegrepen. Enkele kleine hotels serveren een basisontbijt, de meeste helemaal geen. In veel andere hotels moet vaak behoorlijk voor het ontbijt worden betaald.

Tips voor gezinnen en voor wie wat langer wil blijven

Wie een langer verblijf voorbereidt of aansluiting bij de lokale bevolking zoekt, kan ook zijn intrek nemen in een privékamer. New Yorkers verhuren zelfs hun raamloze rommelkamers – laat dus beslist foto's opsturen en betaal pas als u ter plekke de kamer heeft gezien. Vooral voor gezinnen kan zo'n deal de moeite waard zijn. Een goede bron voor kamers, woningen en sofabedden is www.craigslist.com

Prijzen

New York is duur, dat is vooral goed te merken aan de hotelprijzen. In een tempel van de nieuwste trend bent u al snel zo'n $ 400 per nacht kwijt. In het weekend gelden echter vaak kortingen, dat kan blijken als u vraagt naar de *best rate* en eventueel nog wat onderhandelt. Het kan voorkomen dat een kamer van $ 350 plotseling nog maar $ 200 kost. We kunnen zeggen dat doorgaans degene die vroeg boekt en die niet exact aan bepaalde data is gebonden, de beste tarieven in de wacht kan slepen. Veel middenklassehotels hebben stapelbedden in hun aanbod, het kan dus de moeite lonen om naar *bunk beds* te vragen. Vaak ziet u de voordeligste tarieven bij de bemiddelaars op internet zoals de zoek-en-boek-functie op www.anwb.nl. Bij de *nettoroom rates* komt nog 14,75 % belasting plus $ 3,50 per overnachting.

Andere accommodatie en websites met aanbiedingen

De volgende adressen helpen bij het zoeken naar woningen, hostels en Bed and Breakfasts: www.bedandbreakfast.com, www.cityonnet.com, www.citylightsbedandbreakfast.com, www.craigslist.com, www.hostelworld.com, www.hostels.com, www.nyhabitat.com

Hotelaanbiedingen met 'kortingen tot 60 %' vindt u op de volgende websites: www.hoteldiscount.com, www.nyc.com/hotels, www.quikbook.com

Prettig en betaalbaar

Trendy – **Ace Hotel:** ■ D 6, 20 West 29th St./Broadway, Flatiron, tel. 1 212 679 22 22, www.acehotel.com, subway: N, R, W tot 28th St., 2 pk vanaf $ 219. Momenteel hoort het Ace tot de populairste hotels van de stad. Ten eerste vanwege de ligging en ten tweede omdat het restaurant, Breslin genaamd, zeer goede kritieken krijgt. Ook de kamers zijn het waard om in te overnachten. De designvertrekken geven enigszins de indruk van een appartement, onder meer door de jumbokoelkast en de gitaar in de hoek. Voor de gitaristen onder de gasten zijn er extra snaren verkrijgbaar aan de receptie, net als vele toeristische tips.

Personal touch – **East Village Bed & Coffee:** ■ E 9, 110 Ave. C/Seventh St., East Village, tel. 1 212 533 41 75, www.bedandcoffee.com, subway: L tot First Ave., 2 pk vanaf $ 135. Multiculti als New York zelf: van buiten weinig spectaculair, binnen heerst een mengeling van vormen en kleuren. De luchtige *French*, de chique *Afghani* en de felgekleurde *Mexican* verraden de eclectische stijl die vrouw des huizes Anne Edris heeft gehanteerd. Zij fungeert ook als een VVV en organiseert spontane dineetjes. De negatieve aspecten zijn overkomelijk: badkamers worden gedeeld en naar de subway is het tien minuten lopen. Wie het vroeg genoeg vraagt kan echter een van de drie fietsen lenen.

Hemels – **Efuru Guest House:** ■ kaart 3, A 3, 106 West 120th St./Lenox Ave., Harlem, tel. 1 212 961 98 55, www.efuru-nyc.com, subway: 2, 3 tot 116th St., 2 pk vanaf $ 110. Slapen in Harlem zal niet bij iedereen meteen opkomen. Maar ten noorden van Central Park zijn er kleine toevalstreffers zoals het guesthouse van Lydia Smith. Efuru, 'dochter van de hemel', noemde de Nigeriaanse haar 'Brownstone' met de rode deur. Vijf jaar renovatiewerk heeft geleid tot een gezellig en persoonlijk interieur. Bijkomen kunt u in de tuin. Voor een extra portie ontspanning: enkele suites beschikken over een badkuip met jacuzzi.

Uitvalspunt voor galeriebezoekers – **Gem Hotel Chelsea:** ■ C 6, 300 West 22nd St./Eighth Ave., Chelsea, tel. 1 212 675 19 11, www.thegemhotel.com, subway: 1, C, E tot 23rd St., 2 pk vanaf $ 189. Chelsea is het centrum van de kunst en het chique understatement – dat precies wordt hier dan ook aangeboden. Het hotel werd in 2008 geopend; de kamers zijn nog lekker fris, net als de motivatie van het personeel. Beneden is een winkeltje dat tevens als galerie dient; een mooi opwarmertje voor de verplichte vernissagetocht.

Kunstzinnige schoenendoos – **Gershwin:** ■ D 6, 7 East 27th St. tussen Fifth en Madison Ave., Gramercy, tel. 1 212 545 80 00, www.gershwinhotel.com, subway: N, R, 6 tot 28th St., stapelbed vanaf $ 40, 2 pk $ 159. Wilde kunstcomposities aan de gevel, Roy Lichtenstein-reproducties in de gangen, een origineel Warhol-soepblikwerk in de lobby – je waant je bijna in een galerie. Het coole design maakt de sardineblikje-situatie overkomelijk. Schrikt u niet als plotseling een handvol mooie vrouwen de lift instapt: ook veel aankomende modellen persen zich hier in de designkamers.

Shabby chic – **Hotel 17:** ■ D 8, 225 East 17th St. tussen Second en Third Ave., Gramercy/Flatiron, tel. 1 212 475 28 45, www.hotel17ny.com, subway: L, N, Q, R, W, 4, 5, 6 tot 14th St./Union Sq., 2 pk vanaf $ 140. Het komt wat oubollig over: bloemetjesspreien, antieke meubels en verticaal gestreept behang. Trendy publiek vindt die ouderwetse mix weer cool. Woody Allen draaide hier 'Manhattan Murder Mystery', Madonna vertoonde zich hier, de lijst van fotomodellen is lang. En wie maalt er om de opoe-spulletjes als er een speciale aanbieding is? Tweepersoonskamers voor $ 100 zijn mogelijk.

Vroegere gangsterbuurt – Skyline Hotel: ■ C 3, 725 Tenth Ave./49th St., Hell´s Kitchen, tel. 1 212 586 34 00, www.skylinehotelny.com, subway: C, E tot 50th St., 2 pk vanaf $ 159. De tijden dat Hell´s Kitchen een wijk van gangsters was, zijn voorbij. Aan de bende-oorlogen herinnert alleen nog de West Side Story-voorstelling op het nabije Broadway. Inmiddels is het hier een geliefde restaurantbuurt. Mooier is het er hier echter niet op geworden. Ook het Skylinehotel lijkt van buiten op een motel. Laat u niet ontmoedigen: de onlangs gerenoveerde kamers zijn naar New Yorkse verhoudingen kleine balzalen. Bovendien zijn er een zwembad en een garage voor een matsprijsje: $ 10 per dag, daar zoek je vergeefs naar elders op Manhattan.

Schrille kunst – Star Hotel: ■ C 5/6, 300 West 30th St./Eighth Ave., Chelsea, tel. 1 212 244 78 27, www.starhotelny. com, subway: A, C, E, 1, 2, 3 tot 34th St., stapelbed vanaf $ 45, 2 pk vanaf $ 90. Geen zin in gewoon? Met de schelle kleuren en de vreemde details valt het nauwelijks op dat de kamers schoenendozen zijn. De 18 superior- en deluxe-kamers hebben een eigen badkamer, voor het kleine budget zijn er slaapzalen. Kunstliefhebbers moeten de 'Dali' betrekken. Celebrity-fans kiezen 'Madonna' en slapen onder elpee's. Romantiek in miniformaat? Boek kamer 'Fiesta'.

Stijlvol

Surrealistische chic – Hudson: ■ kaart 2, D 3, 356 West 58th St., tussen Eighth en Ninth Ave., Midtown, tel. 1 212 554 60 00, www.hudsonhotel. com, subway: 1, A, B, C, D tot Columbus Circle, 2 pk vanaf $ 259. 's Avonds schuift het trendy volkje over de neonverlichte roltrap naar een van de bars. U hoeft niet in het Hudson te logeren om hier uw geld uit te geven. Het is allemaal wat overvloedig: enorme kroonluchters in de lobby, Philippe Starck-stoelen, een bibliotheekbar en een Marokkaanse binnenplaats. Alleen de kamers zijn klein. Bonus: het Sky Terrace op de 15e verdieping is alleen toegankelijk voor gasten.

Bedwelmende skyline – Hyatt Regency Jersey City: ■ kaart 4, E 2, 2 Exchange Pl., Jersey City, New Jersey, tel. 1 201 469 12 34, www.jerseycity. hyatt.com, subway: Path Train tot Exchange Pl., 2 pk vanaf $ 189. Thuis mag u gerust wat sjoemelen en beweren dat u op Manhattan heeft gelogeerd. Het eiland ligt op slechts vier minuten met de Path Train en de skyline is 'onder handbereik'. Vanuit veel kamers is het Vrijheidsbeeld zichtbaar en in bed kunt u de boten op de Hudson tellen.

Voor boekenwurmen – Library: ■ E 5, 299 Madison Ave./41st St., Midtown East, tel. 1 212 983 45 00, www.libraryho tel.com, subway: 4, 5, 6, 7, S tot Grand Central, 2 pk vanaf $ 299. Meer dan 6000 boeken staan in dit hotel op de plank. Geschiedenisliefhebbers moeten op de 9e verdieping reserveren, wiskunde is er op de vierde en filosofie op de elfde etage. Een open haard, een daktuin en leeshoekjes doen bijna vergeten dat buiten het leven van de grote stad wacht.

Restaurant in The Bowery Hotel

Nostalgische luxe – The Bowery Hotel: ■ C 9, 335 Bowery/Third St., East Village, tel. 1 212 505 91 00, www. theboweryhotel.com, subway: 6 tot Bleecker St., F, V tot Second Ave., 2 pk vanaf $ 425. In het hart van de East Village is hier de juiste dosering nostalgische charmes verbonden met moderne 'coolness'. Jachtfoto's boven de bar, Perzische tapijten en zware fluwelen gordijnen in de lobby zijn gecombineerd met een bescheiden luxe op de kamers. Als uit een andere wereld lijkt de dichtbegroeide binnenplaats. Daar kunt u bij kaarslicht cocktails drinken en prominenten ontdekken.

Zoetwaterparel – The Maritime Hotel: ■ B 7, zie blz. 45

Inkijk en uitzicht – The Standard: ■ B 7, 848 Washington St./West 13th St., Meatpacking, tel. 1 212 645 46 46, www. standardhotels.com, subway: A, C tot 14th St., 2 pk vanaf $ 295. Als een open boek steekt het nieuwste project van hotelier André Balazs boven de High Line de hemel in. De mix van glamour en sexappeal past in het nachtleven van het MePa. Het designhotel is geheel met glas bedekt – vanuit bed ziet u de badkamer, tijdens het douchen heeft u vrij zicht op het Empire State Building. Aan de westzijde van het hotel kan de zonsondergang boven de Hudson worden gadegeslagen.

Zwemmen met Warhol – Thompson LES: ■ C 9, 190 Allen St./Houston St., Lower Eastside, tel. 1 212 460 53 00, www.thompsonles.com, subway: F, V tot Second Ave., 2 pk vanaf $ 329. Een portret van Andy Warhol op de bodem van het verwarmde buitenbad is slechts één van de extravaganties. Inchecken doet u naast een installatie van Peter Halley, geslapen wordt er onder een verlichte afdruk van werk van fotograaf Lee Friedlander. Verder horen veel donker hout en leer, futuristische lampen en een grandioos uitzicht op het Chrysler Building tot het aanbod.

Eten en drinken

Pobleem: te veel keus

Ruim 180.000 restaurants zijn er in New York, jaarlijks sluiten er rond de 500 en minstens evenveel openen. Wie wil, kan zich in deze stad dus met niets anders bezighouden dan met uit eten gaan. Dat doet dan ook een meerderheid van de New Yorkers. Een klein deel van de stadsbewoners schijnt een keuken te bezitten. Ter beschikking staat zo ongeveer elke keuken uit de wereld, vaak zelfs de klok rond. Enkele landen hebben een eigen stadsdeel en vormen daar dan ook het grootsre aanbod van eten, zoals Little Italy, Chinatown of Koreantown. Maar in het algemeen vindt u alle gerechten overal. Een van de nieuwe, betaalbare multiculti-dinerwijken is Hell´s Kitchen. Veel vrouwen op extreem hooggehakte schoenen trippelen vanaf 19 uur parmantig naar Meatpacking District – daar bevindt zich een opeenhoping van de hipste etablissementen.

Snelle gewoonten

Manhattanites verspillen niet graag tijd en happen in looppas van hun bagel op weg naar de subway. Verwondert u zich niet als de man achter de toonbank slechts door middel van het optrekken van zijn wenkbrauwen naar uw bestelling informeert. Met het oog op de 20 m lange rij heeft hij gegarandeerd geen zin in grapjes of langdurige overwegingen. Zelfs in restaurants gaat het er net zo aan toe. Wie op een gezellig samenzijn uit is kan beter doorlopen naar de eerstvolgende bar: de rekening wordt op de tafel geknald zodra u uw vork neerlegt.

Ontbijt en brunch

In de rij staan zijn de New Yorkers dus gewend, want dat begint 's morgens vroeg al – en dat terwijl er toch er op elke hoek een *bagelshop* of *deli* zit. De afkorting van 'delicatessen' is het synoniem voor alles dat de honger kan stillen. 's Morgens worden eieren met spek gebakken, later is er het warme buffet en koffie is er de hele dag. Die wordt met een enorme scheut low-fat-milk verdund tot smaakneutraal – roep dus liever meteen duidelijk 'No Milk!'

Relaxter gaat het er aan toe in het weekend bij de brunch – als u al een plaatsje vindt. 'Brunchen' is de favoriete bezigheid van New Yorkse koppels, groepjes en gezinnen, wiens speelgoed en de massieve zondagse New York Times elk café verstoppen. Brunch betekent weinig anders dan dat men op lunchtijd ontbijtgerechten bestelt, geen buffet dus. Besteld wordt van de kaart, veelal *eggs benedict* of *pancakes*. Daar wordt al aardig bij getetterd, het is toch weekend: een Bloody Mary of een Mimosa zijn bij de meeste brunches inbegrepen.

Prijzen

Er is ruim keus: de goedkope kiosken en de chique tenten waar een hapje al snel $ 100 kosten kan. 's Middags valt het nog mee. Bijna alle restaurants bieden tussen 11 en 15 uur lunchmenu's aan. Dezelfde gerechten zijn 's avonds vaak twee keer zo duur.

Ook als u zich ergert aan de bediening: 10 % fooi is het minimum en dat kan u al een sneer opleveren. 15 tot 20 % is gebruikelijk; u kunt gewoon de tax op de rekening verdubbelen.

Hoewel u bij de meeste koffietenten 3 dollar-bedragen met een creditcard kunt voldoen, is het bij kleinere zaken vaak nog '*Cash only*'.

Reserveren

Veel restaurants nemen geen reserveringen aan. Toprestaurants wel maar dan weken vooruit. Wat op een bepaald moment trendy is, ziet u aan de rij voor de ingang. Altijd naar de gastvrouw met de lijst gaan en uw naam laten noteren. Op een goed moment wordt u dan geroepen. Aan tafel mag u alleen als iedereen er is, *party complete*. In geen geval zelf naar een vrije tafel lopen; 'Please wait to be seated' staat bij praktisch elke deur, wat betekent dat de bediening u naar een tafel brengt.

Wat er over is ...

... kan altijd nog in de *Doggy Bag*. Zelfs trendsetters komen met een bruine zak uit een chique tent. Ook bij het water is overhouden niet pijnlijk: *tapwater* met veel ijsklonten kost niets. U hoeft niet nog een ander drankje te bestellen. Als het toch een glas bier of wijn moet worden, schrik dan niet: een glas is vaak net zo duur als een voorgerecht, die hier *starters* heten, terwijl een hoofdgerecht *entree* wordt genoemd. BYOB is de magische kreet voor een betaalbaar glaasje bij het eten. *Bring Your Own Bottle* betekent dat u zelf een fles mag meenemen. Veel obers zien zelfs af van de *corkage fee* van 5 tot 10 dollar.

Goed en goedkoop

BYOB – **A Café New York:** ▪ kaart 3, A 4, 973 Columbus Ave./107th St., tel. 1 212 222 20 33, www.acafeny. com, subway: 1, B, C tot 110th St., di.-za. 6-23 uur, $ 10. Hier ontmoeten de locals van de Upper Westside elkaar. Het A, zoals het wordt genoemd, verbindt de Caraïbische met de Franse keuken. Gekookt wordt er in een minikeuken, op de borden komen alleen biologische producten. Zo smaakt het ook: intensief en veel duurder dan dat de rekening laat zien. Pak daarom gerust een fles wijn in die past bij truffelmousse, paddenstoelragout of gebakken fazantpasteitje. Alcohol brengt u hier namelijk zelf mee, er is geen *corkage fee*.

Puur Shanghai – **Great N. Y. Noodle Town:** ▪ C 10, 28 Bowery/Bayard St., tel. 1 212 349 09 23, subway: B, D tot Grand St. 6, J, M, N, Q, R, W, Z tot Canal St., dag. 9-4 uur, $ 9, BYOB. Wie ooit een thriller heeft gezien die in Chinatown speelt, die weet hoe het er in een echte noedelkeuken uit moet zien: vol, benauwd en lawaaierig. De lokkertjes hangen voor de ramen: kippen, eenden en geroosterd vlees. En het eten moet precies zo lekker zijn als vroeger in Shanghai. Is dat alleen zo in de film? Nee hoor, zo is het bij N. Y. Noodle Town!

Eten op wielen – **Papa Perrone´s:** ▪ kaart 2, E 4, hoek 55th St. en Madison Ave., tel. 1 917 880 14 32, www. papaperrone.com, subway: E, V tot Lexington Ave./53rd St., di.-vr. 11.30-15 uur, vanaf $ 4,50. Eten op straat hoeft niet te betekenen dat u een slappe pizza krijgt. In New York zijn er vele culitrucks. Een daarvan is Papa Perrone´s. Voor de Siciliaanse rijstballen met pecorinokaas staat men hier graag in de rij, ook in bankiersoutfit.

Dumplingliefde – Rickshaw Dumpling Bar:  C/D 6, 61 West 23rd St. tussen Fifth en Sixth Ave., tel. 1 212 924 92 20, www.rickshawdumplings.com, subway: N, R, W tot 23rd St., ma.-za. 11.30-21.30, zo. 11.30-20.30 uur, vanaf $ 6. De wereld van de dumplings is een eigen wereld, zo leert u hier. Maar goed, het Flatiron District een eigen dumpling-lady heeft: Anita Lo. Zij brengt gasten het belangrijkste bij, in de vorm van zeven varianten. U kunt alles gestoofd (lekker) of gefrituurd (lekkerder) bestellen. Als dessert is er een dumpling van chocola.

Outdoorburger – Shake Shack:  D 7, Madison Square Park, Madison Ave./23rd St., tel. 1 212 889 66 00, www.shakeshacknyc.com, subway: N, R, W, 6 tot 23rd St., mrt.-okt. dag. 11-23, nov.-feb. dag. 11-19 uur, vanaf $ 3,50. Burger = burger? Nee zeg! Wie de snacks van Shake Shack heeft geproefd, zal dat bevestigen. Dientengevolge is de rij voor de kiosk lang. U geeft een bestelling op (sla, tomaten of pickles moet u er zelf bij zeggen als u die wilt, anders krijgt u een kale hamburger), krijgt een buzzer in de hand gedrukt en wacht op de stoelen in het park tot het ding trilt. En later weer in de rij: voor een *frozen custard*.

Koffie, thee, ontbijt

Zeker niet knorrig – Café Grumpy:  C 6, 224 West 20th St., tussen Seventh en Eighth Ave., tel. 1 212 255 55 11, www.cafegrumpy.com, subway: 1 tot 18th St., ma.-do. 7-20, vr. 7-21, za. 8-21, zo. 8-20 uur, koffie $ 3. Geen angst, de naam geeft niet de stijl aan. Grumpy – knorrig – zijn hooguit de extreem koffieafhankelijken, totdat ze een dampende mok voor zich hebben staan. Dan is het goed. De kunst van het koffie maken wordt hier met hoofdletters geschreven, daartegenover verwacht men van de klant enig begrip: ze willen niet dat het café een werkkamer wordt, zoals dat in New York vaak het geval is. Laptops zijn dus verboden.

Achter elkaar smullen – Café Lalo:  E 1, 201 West 83rd St. tussen Broadway en Amsterdam Ave., tel. 1 212 496 60 31, www.cafelalo.com, subway: 1 tot 79th St., ma.-do. 8-2, vr. 8-4, za. 9-4, zo. 9-2 uur, eieren ca. $ 10, taart $ 7. 's Middags

Parijse flair voor smulpapen – bistro Pastis in het Meatpacking District

een zonde, 's morgens goed voor de lijn: het dampende roerei is bijzonder lekker en drijft niet in het vet. Nog gezonder is de müsli. Bespaarde calorieën kunnen na een blik op de taartenplank gegarandeerd toch worden bijgeteld. Het aanbod is groot, van Sachertorte tot Oreo-Crumble.

Hier bruncht New York – Sarabeth: ■ G 1, 1295 Madison Ave./92nd St., tel. 1 212 410 73 35, www.sarabethseast.com, subway: 6 tot 96th St., ma.-za. 8-23, zo. 8-21.30 uur, brunch ca. $ 15. Sarabeth Levine begon in 1981 met een bakkerij waar de marmelade voor de ogen van de klanten werd bereid. Nu zijn er meerdere restaurants en het fijnproeversbeleg ligt in de supermarkt. New Yorkers staan in het weekend in de rij op de stoep. Om van de perfecte *Eggs Benedict* in alle rust te genieten is het devies: kom doordeweek.

Moby's theewinkel – Teany: ■ D 10, 90 Rivington St. tussen Orchard en Ludlow St., tel. 1 212 475 91 90, www. teany.com, subway: F, J, M, Z Delancey St., dag. 8-1 uur, thee vanaf $ 3, dessert $ 5. Teany is eigendom van Moby (die naar het heet vaak voor de muziek zorgt) en zou eigenlijk *Tiny* (klein) moeten heten: vier tafeltjes binnen, drie tafeltjes buiten. De kaart is ook hier uitvoerig: ontbijt, salades, soepen, sandwiches, desserts – alles is veganistisch. Precies zoals de eigenaar leeft.

Sfeervol

Overvloedig – Breslin: ■ D 6, 16 West 29th St./Broadway, tel. 1 212 679 19 39, www.thebreslin.com, subway: B, D, F, V, N, Q, R, W tot 34th St., dag. 7-24 uur, vanaf $ 25. In New York wordt alleen honger geleden om in de designerjurk te passen. Sinds Ken Friedman en April Bloomfeld hun derde project op

poten hebben gezet kopen vrouwen liever een maatje groter. Op de lijn letten is onzinnig in New Yorks vetste en meest opulente keuken. Varken, lam, ribeye, hier wordt alleen stevige kost geserveerd. De recensenten zijn in de war, de gasten ook – er kan niet worden gereserveerd. De wachttijd is minstens een uur.

Mensen kijken – Café Gitane: ■ C 9, 242 Mott St./Prince St., tel. 1 212 334 95 52, www.cafegitanenyc.com, subway: B, D, F, V tot Broadway/Lafayette, N, R, W tot Prince St., zo.-do. 9-24, vr.-za. 9-00.30 uur, $ 10. Het kleine café zit altijd vol met nonchalante hipsters die zich druk maken over het 'Noord-Afrikaanse' en Franse eten. Elk tafeltje bestelt wel feta (dat is toch echt Grieks) en de *Hachi Parmentier* met gehakt is ook populair. Maar in alle eerlijkheid, bij Gitane kom je vooral om mensen te kijken. Bij een glas Bordeaux kunt u vanaf het terras prima een inventarisatie van de laatste modetrends maken.

Noncha – Freemans: ■ C 9, eind van Freeman Alley/Rivington St., tel. 1 212 420 00 12, www.freemansrestaurant. com, subway: F, V tot Second Ave., dag. 18-23.30, ma.-vr. 11-16, za.-zo. 10-14 uur, hoofdgerechten vanaf $ 13. Wie bij de New Yorkse hipsterscene wil horen moet zeker naar Freemans gaan. Het kan even lastig zijn om het in de verstopte zijstraat te vinden. Binnen is het altijd propvol en lawaaierig. De knusse Amerikaanse keuken maakt echter veel goed van de offers die u moet brengen – zoals het moeten zitten onder een hertengewei. De warme artisjokkendipsaus kunt u het best meteen dubbel bestellen. De bediening, wiens gemeenschappelijke accessoire nog altijd een Bart is (voorheen het symbool van übercooolness in New York), is een tikje verveeld en nonchalant.

Bekende NY'ers – Mercer Kitchen: ■
C 9, 99 Spring St./Mercer St., tel. 1 212
966 54 54, www.jean-georges.com,
subway: N, R, W tot Prince St., ma.-za.
7-1, zo. 1-24 uur, hoofdgerechten $ 20-
36. De ondergrondse eetzaal laat u
snel vergeten dat u zich in SoHo bevindt. Perfect voor een rendez-vous of
om zich voor de fans te verstoppen.
Prominenten zijn dol op de keuken van
Jean Georges Vongerichten en zonder
reservering wordt het lastig om een tafel te bemachtigen. Wie het eindelijk is
gelukt: de lamsbout met groene peper,
munt en zoete erwtenpuree is koste-
lijk. Krachtig voorgerecht: truffelpizza.

Retro-Style – Minetta Tavern: ■
B/C 8, 113 MacDougal/Bleecker St., tel.
1 212 475 38 50, www.minettatavern
ny.com, subway: A, B, C, D, E, F, V tot
West Fourth St., ma.-zo. 17.30-2, za./zo.
11-15 uur, $ 16. Retro is in, ook in New
York. Keith McNally's Minetta Tavern
geldt als 'revival', omdat het oorspronkelijke restaurant al in de jaren '30 een
succes was. Toen was het een pub, nu
is het een chique tent voor een trendy publiek. Het saloninterieur met
een lange bar, een tinnen plafond en
zwart-witte vloertegels bleef behou-
den, toegevoegd werden tafelkleden
en zilveren bestek. Een tip: de black la-
bel (ham)burger.

**In de gelukkige perzik – Momofuku
Ssäm Bar:** ■ D 8, 207 Second Ave./
13th St., tel. 1 212 254 35 00, www.momo
fuku.com, subway: L tot Third Ave., dag.
11.30-15.30, zo.-do. 17-24, vr.-za. 17-2 uur,
vanaf $ 10. Momofuku – Japans voor
'gelukkige perzik' – is voor New Yorkers
het synoniem voor een grandioze keuken. Chefkok David Chang heeft met
zijn voedzame Aziatische gerechten
de juiste toon getroffen en bezit inmiddels vier restaurants en een bakkerij. Wie zich op Aziatische groenten-

gerechten heeft ingesteld, let op: 'Wij
verkopen geen vegetariër-vriendelijke
gerechten', waarschuwt de menukaart.
De vleesgerechten zijn dan ook zeer
krachtig van smaak.

Thais met stijl – SEA: ■ G 10, 114
North Sixth St./Berry St., tel. 1 718 38
48 85, subway: L tot Bedford Ave., zo.-
do. 11.30-00.30, vr./za. 11.30-1.30 uur,
$ 9. Een enorme Boeddha, een water-
bassin, witte designschommels en dis-
comuziek – SEA lijkt in eerste instantie een nachtclub. De verrassing komt
met de menukaart: vriendelijke prijzen. U zult niet worden teleurgesteld.
De porties zijn behoorlijk en bijzonder
smaakvol.

Toprestaurants

Gourmet-burger – DBGB: ■ C 9, 299
Bowery/Houston St., tel. 1 212 933 53 00,
www.danielnyc.com, subway: B, D, F, V
tot Broadway/Lafayette, ma. 17.30 tot
24, di.-do. 12-24, vr.-za. 11-1, zo. 11-23 uur,
$ 25. Sterkok Daniel Boulud bewijst dat
ook hamburgers en hotdogs eten voor
lekkerbekken kunnen zijn. Hij doet daar
wel heel veel moeite voor. Elke hambur-
ger komt in een speciaal vers gebakken
broodje en de keus aan worstjes over-
treft met 14 stuks de stoutste dromen.
U wilt nooit meer fast food als u The
Piggie heeft geproefd: pulled pork, ja-
lapeno-mayonaise en mosterd-azijn-
kruid. De biersommelier geeft daarbij
adviezen en als dessert volgt een hand-
geklopte Grand-Marniersoufflé.

SoHo goes Japan – Nobu: ■ B 10, 105
Hudson St./Franklin St., tel. 1 212 219 05
00, www.noburestaurants.com, subway: 1 tot Franklin St., ma.-vr. 11.45 tot
14.15, ma.-zo. 17.45-22.15 uur, vanaf $ 30.
Een bezoek aan Robert de Niro's restaurant is visueel en culinair een belevenis. Bij de sushi en inktvispasta nipt u

sake uit met de hand gemaakte glaasjes. Met gerede angst kunt u de rekening tegemoetzien: hoofdgerechten beginnen bij $ 30, de *omakase* van de chef bij $ 100. Zonder reservering krijgt u na lang wachten hooguit een plaatsje aan de bar.

Bijzondere gelegenheid – Per Se: ■ kaart 2, D 3, Time Warner Center, 10 Columbus Circle/60th St., 4e etage, tel. 1 212 823 93 35, www.perseny.com, ma.-zo. 17.30 tot 22, vr.-zo. 11.30-13.30 uur, subway: 1, A, B, C, D tot 59th St./Columbus Circle, menu's $ 175 tot $ 275. Dit is niet de goede plek voor knorrende magen en kleine portemonnee's: weliswaar klinkt negen gangen als heel veel eten, maar Thomas Keller houdt de porties bewust klein. Meer dan de maag moeten de zintuigen worden geactiveerd. U raakt zonder twijfel een beetje opgewonden; deze sterrenkok is een meester in delicate combinaties. Die hebben wel hun prijs: $ 275. Het kan goedkoper; dan moet u voor de vijfgangenlunch komen: $ 175.

Kunstig – The Modern: ■ kaart 2, E 4, Museum of Modern Art, 9 West 53rd St./Fifth Ave., tel. 1 212 333 12 20, www.the modernnyc.com, subway: E, V tot Fifth Ave./53rd St., ma.-do. 12-14 en 17.30-22.30, vr. 12-14 en 17.30-23, za. 17.30-23 uur, vanaf $ 25, drie gangen fixed price $ 88. Verstopt achter melkglas is het restaurant een passend onderdeel van het MoMA. Het zicht op de beeldentuin maakt dit restaurant al een chique ervaring. Ingehouden luxueus zijn de Deense designermeubels, het Bernardaud-porcelein en het zilveren Robbe-&-Berking-bestek, ze creëren de perfecte setting voor smaakexplosies als Maine-kreeftsalade met Tahitiaanse vanille of lam met favabonen en schapenricotta.

Typisch New York

Verse vissen – Carmine's Italian Seafood: ■ B 11, 140 Beekman St./Front St., tel. 1 212 962 86 06, subway: 2, 3, 4, 5, A, C, J, M, Z tot Fulton St./Broadway/Nassau, zo.-do. 12-22, vr. 12-

Fast food – de snelle hotdog voor de plotselinge trek maakt deel uit van het New Yorkse leven

23, za. 13-23 uur, $ 10. Een stukje oud-New York, dat al sinds 1903 bestaat. Hier sterken zeebonken en havenarbeiders aan met reusachtige porties vis en garnalenkrabben. Smulpaperij mag je hier niet verwachten, maar er hangt een authentieke sfeer.

Idyllisch – Central Park Boathouse: ■ F 2, Central Park/East 72nd St., over de East Drive naar rechts, tel. 1 212 517 22 33, www.thecentralparkboathouse. com, subway: 6 tot 68th St./ Hunter College, nov.-mrt. ma.-vr. 12-16, za./zo. 9.30-16, apr.-okt. ma.-vr. 12-16, 17.30-21.30, za./zo. 9.30-16, 18-21 uur, $ 25. Wat zou Central Park zijn zonder het Boathouse? Een stuk saaier. De kleine oase aan het meer doet u even vergeten dat u zich in het dolgedraaide Manhattan bevindt – tot u de rij bij de ingang ziet. Voor vermoeide voeten: vanaf 17.30 uur is er ma.-vr. (za.-zo. vanaf 11 uur) een kosteloze trolley-verbinding vanaf de hoek 72nd St./Fifth Ave.

Legendarische hamburgers – Corner Bistro: ■ B 7, 331 West Fourth St./Jane St., tel. 1 212 242 95 02, www.cornerbistrony.com, subway: A, C, E tot 14th St., ma.-za. 11.30-4, zo. 12-4 uur, $ 6. Grote trek? Hier verkrijgt u hamburgers die u met twee handen moet aanpakken. De 'Bistro Burger' is een legende en kost dan ook $ 6,75, een bier niet meer dan $ 2,50. Dat je daarvoor in de rij moet staan is (voor New Yorkse begrippen) vanzelfsprekend.

Stationsoesters – Grand Central Oyster Bar: ■ E 5, Grand Central Terminal, 89 East 42nd St., tel. 1 212 490 66 50, www.oysterbarny.com, ma.-vr. 11.30-21.30, za. 12-21.30 uur, subway: 4, 5, 6, 7, S tot Grand Central, $ 18. Het stationsgebouw boven krijgt een algehele opknapbeurt – beneden in de Oyster Bar moet alles blijven, zoals het altijd was: een tikkeltje verstoft. De keus aan oesters is echter de moeite waard: er zijn bijna 50 soorten.

Katz's Delicatessen

Harry & Sally – **Katz's Delicatessen:** ■
D 9, 205 East Houston St./Ludlow St.,
tel. 1 212 254 22 46, www.katzde li.com,
subway: F, V tot Second Ave., ma.
8-21.30, di.-do., zo. 8-22.30, vr./za. 8-2.30
uur, broodje pastrami $ 14,85. Een insti-
tuut, zonder meer. En dat is de kosje-
re broodjeszaak al sinds 1888. En zeker
sinds Sally hier aan Harry toonde hoe
gemakkelijk een orgasme kan worden
gefaked (waarna een vrouw aan een
ander tafeltje zei: 'I'll have what she's
having'), loopt niemand meer deze
deli voorbij. Ook al komt de sfeer in de
buurt van die in een voetbalkantine
en liggen de overgeproportioneerde
sandwiches als een blok op de maag –
Katz´s mag je niet missen.

De beste biefstuk – **Smith &
Wollensky:** ■ F 5, 797 Third Ave./49th
St., tel. 1 212 753 15 30, www.smithand
wollensky.com, subway: 6 tot 51st St.,
E, V tot Lexington Ave./53rd St., dag.
11.45-24 uur, steak vanaf $ 35. Een New
Yorks steakhouse met traditie – en 400
plaatsen. Er heerst een jasje-dasje-cul-
tuur; voor een prettiger sfeer en betere
prijzen gaat u een deurtje verder naar
Wollensky´s Grill (dag. 11.30 tot 2 uur).

Soulfood – **Sylvia´s:** ■ kaart 3, B 2, 328
Lenox Ave./127th St., tel. 1 212 996 06 60,
www.sylviasrestaurant.com, subway: 2,
3 tot 125th St., ma.-za. 8-22.30, zo. 11-20
uur, $ 10. Sinds 1962 is zij de *Queen of
Soulfood* in het hart van Harlem. Sylvia
Woods kookt voor een altijd vol huis –
de porties zijn met gemak toereikend
voor een hele dag. Bij de haantjes met
aardappelpuree wordt 's avonds live
jazz gespeeld. Het populairst is de
gospelbrunch op zondag. Absoluut reserveren.

Vegetarisch

Romantisch – **Angelica Kitchen:** ■
D 8, 300 East Twelfth St./Second Ave.,
tel. 1 212 228 29 09, www.angelicakit
chen.com, subway: L tot Third Ave., dag.
11.30-22.30 uur, hoofdgerechten vanaf
$ 10, BYOB. De populairste datingspot
voor vegetariërs. Behalve de romantiek
is ook het eten hier goed en er wordt
vaak iets verrassends geserveerd. De
specials wisselen per dag; altijd goed
is de Marinated Tofu Sandwich en de
Three Bean Chili. Dubbel pret voor ver-
liefden: men hanteert geen *corkage
fee*.

Chic en Feng Shui – **Candle 79:** ■
G 2, 1307 Third Ave. tussen 74th en 75th
St., tel. 1 212 472 09 70, www.candleca
fe.com, subway 6 tot 77th St., ma.-za.
11.30-22.30, zo. 11.30-21.30 uur, hoofdgerechten vanaf $ 12. De Feng Shui-
elegantie op twee verdiepingen heeft
iets weg van een high-end-bronwa-
terbad. Romantici moeten naar boven
gaan, de gezelligheidszoekers blijven
liever beneden aan de lange bar. Daar
kunt u biologische wijnen proberen
bij appetizers als *humus* op *paratha*
(brood). De kaart wisselt per seizoen.

Veelzijdig – **House of Vegetarian:** ■
C 10, 68 Mott St./Canal St., tel. 1 212
226 65 72, subway: 6, J, M, N, Q, R, W,
Z tot Canal St., dag. 11-22 uur, hoofdgerecht vanaf $ 7, BYOB. Grote porties
voor weinig geld, zo hoort het ook in
Chinatown. Okay, het interieur kreeg
geen stijlprijs, maar de kaart laat heel
weinig te wensen over. Verbaas u niet
over de 'pork'-, 'chicken'- en 'beef'- specialiteiten, dat zijn natuurlijk allemaal
producten die van tofu zijn gemaakt.

Winkelen

Sales & trends

Wie met slechts één koffer naar New York komt, moet bij het vertrek vaak vaststellen: een tweede tas is onontbeerlijk, alle aankopen passen helaas niet in de koffer. Jeans, sneakers, vitamines, make-up of elektronica – dat alles is hier wat goedkoper. New York is de stad van de *sales* en de trends. Grappige nieuwigheidjes zijn vaak te koop bij de straatkramen in SoHo of Greenwich Village: jonge designers verkopen mode, sieraden of kunst persoonlijk en tegen een goede prijs.

Sales & liquidations

Reden voor een *sale* is er altijd. Iets met feestdagen, seizoenen of gewoon omdat het weekend is – veel winkels beplakken hun etalages met rode posters. Binnen wachten de koopjes niet zelden in een hoekje, het zijn restanten van het vorige seizoen. Let dus maar goed op. Dat geldt zeker voor *Going out of business* en *Last final days!* Beloftes die ook over twee jaar nog wel daar hangen. Vooral de elektronicawinkels rond Times Square staan er om bekend toeristen naar binnen te willen lokken. Let er op dat de artikelen in de originele verpakking zitten. Echte modekoopjes zijn er bij de *Sample-Sales*, die wekelijks in tijdschriften als Time Out (www.timeoutnewyork.com) en New York Magazine (www.nymag.com) worden aangekondigd. Zulke uitverkopen van grote ontwerpers duren meestal maar een paar dagen en vinden plaats in leegstaande hallen. In de slag om het koopje zijn een stevig lichaam en sterke zenuwen van belang – dat wordt dan beloond met kortingen tot 75 % op merken als Diane von Fürstenberg of Prada.

De massa ontlopen

Shoppen is in New York een kunst en verlangt een goede planning: lunchpauzes en kantoorsluitingstijden vermijden. Ook de weekends zorgen met massaal geschuifel voor weinig lol. Neem naast de creditcard ook wat contant geld mee – soms zijn er *Cash-only*-kassa's met een kortere rij.

Waar te beginnen?

Theoretisch is heel New York een winkelparadijs, de grote ketens hebben overal filialen en prettig ruime openingstijden. Praktisch gezien is een wandeling door de Upper West en de Upper East Side niet de moeite waard. Ook grote warenhuizen als Bloomingdales en Macy's lenen zich beter voor gerichte aankopen. Wie tegelijkertijd iets van de stad wil meekrijgen, moet op Lower Broadway beginnen. Hier zijn honderden kleine winkels, net als in het naburige SoHo. Wie nog puf heeft is daarna snel in hip NoLita of Chinatown.

Taxfreeshopping

Kleding en schoenen tot $ 110 kunt u in NYC *taxfree* kopen. Bij zulke *essential items* vervalt de gebruikelijke 8,25 % belasting.

Boeken en cd's

Vakkundig – Barnes & Noble: ■ D 2, 33 East 17th St., tel. 1 212 253 08 10, www.barnesandnoble.com, dag. 10-22 uur. Hier vindt u alles, inclusief een goed advies: boeken, cd's, reisgidsen, plattegronden, wegenkaarten, tijdschriften en kleine cadeaus. De keten heeft in elk stadsdeel een winkel. In het café op de bovenste etage kunt bij een kop koffie of een hapje uw keuze doorbladeren.

Vinylvondsten – Bleecker Street Records: ■ B 8, 239 Bleecker St./Leroy St., subway: 6 tot Bleecker St., zo.-do. 11-22, vr.-za. 11-23 uur. Deze gemoedelijke winkel over twee verdiepingen heeft zich gespecialiseerd in rock, R&B en jazz – op nieuw en op tweedehands vinyl. Maar er is ook een cd-assortiment met zeldzame albums.

Grootste keus – J&R Music World: ■ B 11, 23 Park Row, tel. 1 212 238 90 00, www.jr.com, subway: 2, 3, 4, 5, A, C, J, M, Z tot Fulton St./ Broadway/ Nassau, ma.-za. 9-19.30, zo. 10.30-18.30 uur. De favoriete elektronicawinkel van de Manhattanites is zo groot dat aanwijzingen als 'Probeert u het eens vijf deuren verderop!' geheel begrijpelijk zijn. Behalve cd's verkoopt J&R alle denkbare technische snuisterijen.

Eighteen Miles of Books – The Strand Bookstore: ■ D 8, 828 Broadway, www.strandbooks.com, subway: N, R, 4, 5, 6, L tot Union Square, ma.-za. 9.30-22.30, zo. 11-22.30 uur. In deze boekwinkel kunt u verdwalen – nog niet eens zozeer vanwege de grootte maar meer vanwege het reusachtige aanbod van gebruikte boeken. Dagelijks worden hier rond de 5000 boeken verkocht en ruim 5000 ingekocht. In het magazijn bevinden zich zich zo'n 3 miljoen boeken. Rondsnuffelen in The Strand is voor een boekenliefhebber iets om geheel de tijd bij te vergeten. Gericht zoeken is echter een nachtmerrie: de collectie is gewoon niet goed geordend.

Een woud van bladen – Universal News: ■ C 6, 50 West 23rd St./Sixth Ave., tel. 1 212 647 17 61, subway: 1, F, V tot 23rd St., dag. 6-24 uur. 'Over 7000 titles' roept de winkelslogan. Ook als dat wat overdreven zou zijn, de keus is enorm. Nergens anders in de stad vindt u zo'n groot aanbod van Amerikaanse en internationale tijdschriften.

Cadeaus, souvenirs, design

Suikerluilekkerland – Dylan's Candy Bar: ■ F 4, 1011 Third Ave./ 60th St., www.dylanscandybar.com, subway: 4, 5, 6 tot 59th St., N, R, W tot Fifth Ave./59th St., ma.-do. 10-21, vr.-za. 11-23, zo. 10-21 uur. De dochter van Ralph Lauren opende deze bonte tandartsennachtmerrie van suiker, caramel, chocola en ijsjes. Het zoete luilekkerland op drie etages heeft zelfs een Candy-Spa.

Prehistorische cadeaus – Evolution: ■ C 9, 120 Spring St./Mercer St., www.theevolutionstore.com, subway: 6, C, E tot Spring St., dag. 11-19 uur. Geen skeletonderdeel dat hier niet te koop is, of het nu om schedels gaat, insecten of een ruimtebesparende pythonrib.

Kinderwonderwereld – F.A.O. Schwarz: ■ kaart 2, E 4, 767 Fifth Ave./58th St., www.fao.com, subway: N, R, W tot Fifth Ave./59th St., jan.-nov. ma.-wo. 10-19, do.-za. 10-20, zo. 10-18, dec. zo.-wo. 10-19, do.-za. 10-21 uur. Vooral in de tijd voor Kerstmis is F. A. O. Schwarz een goede zenuwentest. De grootste speelgoedwinkel van de stad is gespecialiseerd in knuffelbeesten op ware grootte en verkoopt verder eigenlijk alles dat het hartje van een kind of van een jonggebleven volwassene begeert.

New Yorks helden – Firestore: ■ C 8, 17 Greenwich Ave./Tenth St., www.nyfire. com, subway: 1, 2, 3, F, V tot 14th St., ma.-do. 11-19, vr./za. 11-20, zo. 12-18 uur. New Yorks brandweermannen zijn sinds de 11e september nationale helden en deze kleine winkel prijst hen en hun arbeid met T-shirts, puzzles, kopjes en posters. De jaarlijkse bestseller is de FDNY-kalender, waarvoor de macho's hun gestaalde bovenlijven ontbloten.

Zaken waar de wereld zonder kan – Hammacher Schlemmer: ■ F 4, 147 East 57th St., www.hammacher.com, subway: 4, 5, 6 tot 59th St., jan.-nov. ma.-za. 10-18, dec. ma.-za. 10-19, zo. 12-17 uur. Mensen die alles al hebben, vinden in deze museumachtige winkel overbodige zaken als vogelhuisjes met ingebouwde radio, robot-stofzuigers of hondenhokken met airco.

Twee verdiepingen Azië – Pearl River Mart: ■ C 9, 477 Broadway/Grand St., www.pearlriver.com, subway: N, R, W tot Prince St., dag. 10-19.20 uur. De favoriete Aziëwinkel van de Manhattanites ligt iets ten noorden van Chinatown en bespaart u zeker een tripje door de drukte in de straatmarkten. Hier wordt heel veel verkocht: van sojasaus en gembersnoepjes via jurken, interieurobjecten, thee, sushisets tot tassen, schoenen en cosmetica.

Delicatessen en levensmiddelen

Als het er niet is dan is het er niet – Fairways: ■ D 1, 2127 Broadway/74th St., www. fairwaymarket.com, subway: 1, 2, 3 tot 72nd St., dag. 6-1 uur. Voor veel bewoners van de Upper Westside is het leven nauwelijks voorstelbaar zonder Fairways. Hier is werkelijk van alles te koop, op een geringe oppervlakte. De smalle gangpaden staan daarom vol, vooral als de kantoren zijn gesloten. In de rij staan wordt echter beloond: verse groente, fruit en een grote vlees- en kaastoonbank laten de hongerige magen van vreugde een salto springen. Boven bevindt zich de biologische afdeling.

Wijnselectie – Harlem Vintage: ■ kaart 3, A 3, 2235 Frederick Douglass Blvd./121st St., www.harlemvintage. com, subway: A, B, C, D tot 125th St., ma.-do. 11-21, vr.-za. 11-22, zo. 12-18 uur. De voormalige Wall Streetbankier Eric Woods en Jai Jai Greenfield vervulden met deze chique wijnwinkel in hartje Harlem hun lang gekoesterde wens.

Vers van de boer – Union Square Greenmarket: ■ D 7, Union Square West/15 St.-17 St., www.cenyc.org, subway: 4, 5, 6, N, Q, R, W, L tot 14th Street Union Square, ma., wo., vr./za. 8-18 uur. Bij de grootste biomarkt van de stad is alles verkrijgbaar dat door de boeren van New York State in de omgeving wordt geproduceerd: brood, melk, kaas, groenten, fruit en allerlei zelfgemaakte producten als marmelade of breigoed. Wekelijks verkopen 140 producenten hier hun verse waar.

Biogourmet – Wholefoods: ■ D 3, Time Warner Center, 10 Columbus Circle/60th St., www.wholefoodsmarket.com, subway: 1, A, B, C, D tot 59th St., dag. 8-23 uur. Perfect uitgestald fruit, bioproducten en ander voer voor lekkerbekken – de beste keus voor genieters. Het lekkerst zijn de grote salade-, sushi- en sandwichbuffetten. Het lunchpakket kunt u prima meenemen naar het in de buurt gelegen Central Park.

The Annex

The Annex gaat door: wat sinds 1976 als 'The Annex' op Sixth Avenue bekend werd, is inmiddels opgedeeld in drie markten die onderling zijn verbonden. De Hell's Kitchen Flea Market heeft de beste meubels in de aanbieding, de West 25th Street Market is aanlokkelijk door lage prijzen voor snuistererijen en prullaria en The Antiques Garage door vintagestoffen, jurken en boeken (informatie op www.hellskitchenfleamarket.com).

Hell's Kitchen Flea Market ■ C 5: West 39th St. tussen Ninth en Tenth Ave., subway: A, C, E tot 42nd St./Port Authority, za./zo. 9-18 uur.

The Antiques Garage ■ C 6: 112 West 25th St. tussen Sixth en Seventh Ave., subway: 1, F, V tot 23rd St., za./zo. 9-17 uur.

West 25th Street Market ■ D 6: tussen Broadway en Sixth Ave., subway: 1, F, V tot 23rd St., za./zo. 9-18 uur.

Markten en vlooienmarkten

Kunst en rommel – **Artists and Fleas:** ■ G 10, 129 North Sixth St., tussen Bedford Ave. en Berry St., Williamsburg, www.artistsandfleas.com, subway: L tot Bedford Ave., za./zo. 12-20 uur. Op deze indoormarkt brengen zelfstandige jonge kunstenaars, ontwerpers en handwerkers hun handgemaakte werken of vintage-artikelen aan de man.

Snuffelen aan de Eastside – **East 67th Street Market:** ■ G 3, East 67th St. tussen First en York Ave., www.east 67thstreetmarket.org, subway: 6 tot 68th St., za. 6-17 uur. Dertig jaar geleden opende de markt met drie kramen, nu verkopen ruim honderd handelaren sieraden, levensmiddelen, antiek en kleding. Als het regent en in de winter trekt de vlooienmarkt naar de kantine van school PS 183.

Beroepsprullenhandel – **Greenflea Market:** ■ E 1, 100 West 77th St./Columbus Ave., www.greenfleamarkets.com, subway: 1 tot 79th St., B, C tot 72nd St., nov.-mrt. zo. 10-17.45, apr.-okt. zo. 10-18 uur. Alles, van spiegels tot nepbont; veel beroepshandelaren

en steeds minder opgeruimde zolders. Binnen zijn de meubels, buiten is de boerenmarkt.

Afrikaanse schatten – **Malcolm Shabazz Harlem Market:** ■ kaart 3, B 3, 52 West 116th St./Malcom X Blvd., subway: 2, 3 tot 116th St., dag. 10-20 uur. Een bonte verzameling van Afrikaanse gewaden, houtsnijwerk, stoffen en muziek.

Jonge designers – **The Market:** ■ C 9, 268 Mulberry St. tussen Prince en East Houston St., www.themarketnyc.com, subway: N, R, W tot Prince St., za./zo. 11-19 uur. Elk weekend verandert de sporthal van St. Patrick's Youth Center in een kleurrijke bazaar. Jonge ontwerpers verkopen hier hun ongebruikelijke werken.

Mode

Sexy modellen – **Abercrombie & Fitch:** ■ kaart 2, E 4, 720 Fifth Ave./56th St., www.abercrombie.com, subway: N, R, W tot Fifth Ave./59th St., ma.-za. 10-20, zo. 12-18 uur. Naar deze winkel gaat men niet alleen voor nonchalante casualwear maar ook om modellen te kijken. De jongens en meisjes die verkopen lijken zo van de posters te komen. Begeleid wordt een en ander met een luide discodreun.

Chique megastore – **Armani 5th Avenue:** ■ kaart 2, E 4, 717 Fifth Ave/56th St., www.armani5thavenue. com, subway: E tot Fifth Ave./53rd St., F tot 57th St., ma.-za. 10-18, do. 10- 19 uur. Het indrukwekkende glazen gebouw kreeg al spoedig een vleiende bijnaam: Guggenheim 2. Alles is hoe dan ook in de overtreffende trap, of het nu gaat om de uitgestalde koopwaar, de futuristische trappen of de prijzen.

Designeruitverkoop – **Century 21:** ■ A 11, 22 Cortlandt St./Church St., www.c21stores.com, subway: R, W tot Cortlandt St., ma.-wo. 7.45-20, do. 7.45- 22, vr. 7.45-20.30, za. 10-20, zo. 11-19 uur. De discount-designerwinkel barst gedurende de hele dag uit zijn voegen door het vele publiek, dus zorg dat u er echt zin in heeft. De beloning van de moeite bestaat uit een keuze aan kledingstukken van Marc Jacobs, Versace of D & G – en dan met kortingen tot 75 %. Op goede dagen zijn de juiste maten beschikbaar, op slechte dagen slechts restvoorraden in moeilijke kleuren. Het is een kwestie van mazzel hebben.

Hier slaat een sportershart sneller – **Paragon Sports:** ■ D 7, 867 Broadway/18th St., www.paragonsports.com, subway: 4, 5, 6, L, N, Q, R, W tot 14th St./ Union Sq., ma.-za. 10-20, zo. 11.30-19 uur. Achter een onopvallende gevel zit een van Manhattans grootste sportzaken verstopt – met eigen afdelingen voor skateboarders, mountainbikers en in-lineskaters. Groot assortiment, vakkundig personeel en goede prijzen.

Tweedehands – **Screaming Mimi's:** ■ C 9, 382 Lafayette St., www.screa mingmimis.com, subway: B, D, F, V tot Broadway/Lafayette St., ma.-za. 12-20, zo. 13-19 uur. Retro-chic in uitstekende staat; de vintagevondsten hier zijn niet zelden beter dan wat u aan nieuwe spullen kunt kopen in de winkels van het nabijgelegen Broadway.

Sieraden

Designer van de sterren – **Alexis Bittar:** ■ B 9, 465 Broome St./Greene St., www.alexisbittar.com, subway: N, R, W tot Prince St., ma.-za. 11-19, zo. 12- 18 uur. Kleurige armbanden en grote stenen in zware vattingen: de sieradenontwerper en lieveling van veel celebrities vervaardigt al zijn opvallende creaties zelf, stuk voor stuk.

Traditierijk – **Tiffany & Co.:** ■ kaart 2, E 4, 727 Fifth Ave./57th St., www.tiffa ny.com, subway: N, R, W tot Fifth Ave./ 59th St., ma.-vr. 10-19, za. 10-18, zo. 12- 17 uur. Tegen deze etalageruit drukte Audrey Hepburn haar neus al plat. U kunt gerust naar binnen gaan om het enorme assortiment aan goud, zilver en fonkelende juwelen te bekijken. Tip: er is ook een afdeling met betaalbare souvenirs.

Sieraden voor piercings – **Venus by Maria Tash:** ■ C 9, 653 Broadway/ Bleecker St., www.venusbymariatash. com, subway: 6 tot Bleecker St., dag. 12.30-20 uur. Maria Tash is bekend geworden met haar chique sieraden voor navel- en neuspiercings. Tegenwoordig creëert ze ook kettingen en ringen.

Schoenen

Hoge hakken – **Edon Manor:** ■ A/B 9 391 Greenwich St., www.edonmanor. com, subway:1 tot Franklin St., ma.-vr. 12-19, zo. 12-18 uur. Deze accessoire winkel heeft de uitstraling van een bi bliotheek: er zijn boekenplanken me kunstboeken en fotoboeken over architectuur, daartussen staan de stiletto's en sandalen van Givenchy, Valentino of Chloé.

Coole streetstyle – Goliath RF: ▪ ten noorden van H 1, 175 East 105th St./ Lexington Ave., www.goliathny.com, subway: 6 tot 103rd St., ma.-za. 12-19, zo. 12-18 uur. Streetstyle-sneakers met neonaaccenten of metalen applicaties: wie opvallende sportschoenen zoekt, die vind ze hier.

Felle kleuren – Sigerson Morrison: ▪ C 9, 28 Prince St./Mott St., www.sigersonmorrison.com, subway: N, R, W tot Prince St., ma.-za. 11-19, zo. 12-18 uur. Gemakkelijk en toch opvallend zijn de schoenen van Sigerson Morrison. New Yorkse vrouwen zijn dol op de ballerina's in metallickleuren.

Warenhuizen

Winkelen sinds 1886 – Bloomingdale's: ▪ F 4, 1000 Third Ave./59th St., www.bloomingdales.com, subway: 4, 5, 6 tot 59th St., N, R, W tot Lexington Ave./59th St., jan.-okt. ma.-vr. 10-20.30, za./zo. 11-19, nov.-dec. dag. 9-22 uur. Ingewikkeld labyrint voor vrouwen met een stabiele hartslag en mannen met sterke zenuwen. Al na twee minuten is het gevoel voor richting verdwenen. Donkere paneelwanden, dringende mensenmassa's en verkoopsters die met parfum om zich heen spuiten, maken Bloomingdale's tot een welhaast claustrofobische ervaring. Daar staat tegenover dat alles wat u wilt hebben hier verkrijgbaar is.

Luxueus – Henri Bendel: ▪ kaart 2, E 4, 712 Fifth Ave./56th St., www.henribendel.com, subway: N, R, W tot Fifth Ave./59th St., ma.-za. 10-20, zo. 12-19 uur. Dikke tapijten, uitnodigende sofa's en kunst aan de muur. Het is nauwelijks te merken dat je in een modezaak bent. Het luxe assortiment is niet uniek maar het ziet er wel een beetje begerenswaardiger uit dan elders.

Een must voor shopaholics – Macy's: ▪ D 5, 151 West 34th St., www.macys.com, subway: B, D, F, N, Q, R, V, W tot 34th St./Herald Sq., ma.-za. 10-21.30, zo. 11-20 uur. Moeder aller warenhuizen. Het gedrang begint meestal reeds op straat. Binnen schuiven de koopjesjagers over de vele roltrappen heen en weer. Goedkoop is Macy's echter alleen maar tijdens haar (talrijke) *sales*.

Midden in het gewoel – Saks Fifth Avenue: ▪ kaart 2, E 4, 611 Fifth Ave./50th St., www.saksfifthavenue.com, subway B, D, F, V tot 47th-50th St./Rockefeller Center, ma.-vr. 10-20, za. 10-19, zo. 12-19 uur. Alleen al de naam van het warenhuis klinkt luxe. Wie wil laten zien dat hij of zij op Fifth Avenue aan het shoppen was, moet hoe dan ook met zo'n gewilde plastic tas van dit luxe-instituut over straat. Die hoeft niet per se te zijn gevuld met dure designerkleren, koopjes van de geschenkenafdeling kan ook.

Extreme luxe – Takashimaya: ▪ kaart 2, E 4, 693 Fifth Ave./54th St., subway: E, V tot Fifth Ave./53rd St., ma.-za. 10-19, zo. 12-17 uur. Eerlijk gezegd ziet men hier zelden iemand iets kopen, wat gezien de prijzen begrijpelijk is. Dit Japanse elitewarenhuis verkoopt uitsluitend unieke exemplaren, voornamelijk op het terrein van woninginrichting.

Uitgaan

Nachtelijk New York

De bewoners van New York zijn altijd in de weer en dat is 's avonds en 's nachts niet anders. Nauwelijks zijn de kantoren leeggestroomd of de bars en restaurants lopen vol. Op het idee om naar huis te gaan lijken weinigen te komen. Het avond- en nachtleven is hier zo veelzijdig dat men na meerdere bars naar een liveconcert gaat en vervolgens een discotheek opzoekt. Gegarandeerd wordt geen avond dezelfde route gevolgd. In het weekend komen de Manhattanites liever niet in de clubs en trendy danstenten: dan loopt het eiland namelijk vol met 'Bridge-and-Tunnel-People', al diegenen die door een brug of een tunnel van Manhattan zijn gescheiden. New Yorkers geven dan de voorkeur aan een bioscoop, het theater of ballet en nemen wel een afzakkertje in de bar ernaast.

Uptown of Downtown

14th Street scheidt de nacht in Downtown en Uptown, trendy en mainstream. Dat wil zeggen: de trends ontstaan in het zuidelijke deel van Manhattan. Daar schieten de coole bars, de modellen-hang outs en de nieuwe clubs die snel hot raken zomaar uit de grond – en verdwijnen meestal weer in hetzelfde razende tempo. Welke buurt is in? Dat verandert soms sneller dan dat je je glas kunt leegdrinken. Nu in de mode zijn Meatpacking, NoLita en Alphabet-City (Avenues A, B, C).

Uptown is anders: degelijker en wat minder veranderlijk haast het zich minder achter de tijdgeest aan. Hier vindt u de Ierse pubs van oerbewoners, rustige hotelbars, restaurants met jazzmuziek en natuurlijk de belangrijkste culturele zwaartepunten als opera-, toneel- en ballettheaters. Terwijl in Downtown bijna nooit iemand de telefoon opneemt kun je in Uptown meestal wel reserveren en hoef je je niet met portiers bezig te houden.

Getting past the velvet rope

Minder leuk: nauwelijks nog een club (de cocktailbars doen al aardig mee) doet het zonder de veel te belangrijke, mompelende kleerkast, de portier. Schudt die zijn hoofd dan is elk charmeoffensief kansloos. Een verklaring voor het 'nee' krijgt u zeker niet, aandringen is zinloos, woede meer dan terecht. Wie waarom binnenkomt is een wetenschap op zich. Bij veel clubs kunt u zich vooraf op een lijst laten plaatsen. Dan nog is de uitspraak 'I am on the list' geen garantie. Voor 23 uur moet u overigens niet bij een club opduiken.

Broadway, Off-Broadway en all that jazz

Ook Uptown staat u in de rij maar daar heeft u tenminste een kaartje en komt u zeker binnen. De Broadwaytempels, -theaters en -concertzalen hebben echter een dodelijk groot aanbod dus luidt het advies meteen bij aankomst een plan te maken. Stadsmagazines bieden het beste overzicht. Wie de grote Broadwayshows wil mijden krijgt bij Off- of Off-Off-Broadway met kleinere stukken ook veel kwaliteit (en altijd nog een sterrenbezetting). Daarnaast is er nog de parallelwereld van de jazztenten, liveclubs en poëzielezingen. Kleine shows beginnen meestal laat (of heel vroeg als matinee). In de warme maanden kunt u zich ook op de parken en pleinen richten: overal vinden gratis concerten en dansavonden plaats.

Evenemententips

Een keus uit het grote programma staat in de New York Times en in de wekelijkse stadsmagazines. De belangrijkste titels zijn: New Yorker (ma.), www.newyorker.com, New York Magazine (ma.), www.nymag.com, Time Out New York (do.), newyork.time out.com, Village Voice (wo.), www. villagevoice.com

Tickets op een koopje

Broadwayshows zijn duur, koopjes zijn er echter altijd. De nieuwe TKTS-kiosk onder de grote rode trap midden op Times Square biedt lastminutetickets aan voor diezelfde dag; die kunnen dan wel 50 % goedkoper zijn. Vroeg er bij zijn, even volhouden en contant geld meenemen. De kiosk gaat om 10 uur open.

Enkele theaters verloten een paar uur voor de show kaartjes van 20 tot 25 dollar in een loterij. Informatie vindt u op www.playbill.com

Meer goede deals zijn te vinden op www.broadwaybox.com en www.ilovenytheater.com

Ook opera- en concertzalen geven overblijvende kaartjes weg voor dezelfde avond. Carnegie Hall verspreidt vanaf 12 uur studententickets, de Met twee uur voor de voorstelling.

Bars en kroegen

Bedwelmend uitzicht – **230 Fifth:** ■ D 6, 230 Fifth Ave./27th St., 20e verdieping, tel. 1 212 725 43 00, www.230-fifth.com, subway: 6, N, R, W tot 28th St., ma.-vr. 16-4, za./zo. 11-4 uur. Bijna aan te raken lijkt het Empire State Building vanaf de grote *rooftopgarden* op de 20e verdieping. Voor dit uitzicht neemt u de te dure drankjes op de koop toe. Men verlangt hier 'passende kleding'.

Bierparadijs – **Amity Hall:** ■ C 8, 80 West Third St./Thompson St., tel. 1 212 629 61 91, www.amityhallnyc.com, subway: A, B, C, D, E, F, V tot West Fourth, dag. 11.30-4 uur. Omdat er in New York niet zo'n goede bierkeus is: Amity Hall heeft 20 tapbieren en meer dan 100 bieren op fles op de kaart. Zodra een nieuw vat is aangeslagen klinkt er een bel. De grote flatscreens geven de bierhemel de typisch Amerikaanse sportsbar-sfeer.

Prikkelend? – **The Bubble Lounge:** ■ B 10, 228 West Broadway/White St., tel. 1 212 431 34 33, www.bubblelounge.com, subway: 1 tot Franklin St., di./wo. 17-1, do. 17-2, vr./za. 17-4 uur. Elegante bar met 300 soorten champagne en mousserende wijn, te drinken in rode zithoeken. Na het werk proberen mannen vrouwen in te palmen met Veuve Clicquot; wie een romantische date wil verdwijnt in de kelder. Beneden is de bar rustiger en gezelliger. Geen slippers en geen sneakers.

Losjes na werktijd – **The Ear Inn:** ■ B 9, 326 Spring St./Greenwich St., tel. 1 212 431 97 50, www.earinn.com, subway: C, E tot Spring St., 1 tot Houston St., dag. 12-4 uur. Toen de bar in 1830 zijn deuren opende, schommelden zeelui van de Hudson hier in en uit. Het zeedecor is gebleven maar tegenwoordig zijn het meer de New Yorkse zaken-lieden en de hipsters die na het werk hun 'Ear' opzoeken. Het publiek vormt een bonte mengeling, de sfeer is losjes tot nonchalant.

Wijnselectie – Tía Pol: ■ B 6, 205 Tenth Ave./22nd St., tel. 1 212 675 88 05, www.tiapol.com, subway: C, E tot 23rd St., di.-vr. 12-15, za./zo. 11-15, ma.-do. 17.30-23, vr. 17.30-24, za. 18-24, zo. 18-22.30 uur. Restaurantrecensenten zijn dol op dit kleine etablissement vanwege de tapas. Maar gewoon met een glas wijn aan de bar hangen, dat heeft ook wel wat.

Bij de beurs – Vintry Wine and Whiskey: ■ B 12, 57 Stone St./William St., tel. 1 212 480 98 00, www.vintrynyc.com, subway: 2, 3 tot Wall St., zo. 16-1, ma.-wo. 11.30-2, do.-vr. 11.30-4, za. 16-4 uur. De muren en het plafond van deze met kaarsen verlichte bar hebben een bronzen kleur zoals een goede whiskey. De beursmakelaars zakken hierheen af en kiezen zorgvuldig een van de 200 soorten *Scotch*. De keus aan wijn is met bijna 500 flessen eveneens indrukwekkend.

Cocktailbars

Goed verstopt – Angel's Share: ■ D 8, 6 Stuyvesant St./Ninth St., 1e etage, subway: 6 tot Astor Pl., N, R, W tot Eighth St., tel. 1 212 777 54 15, zo.-wo. 18-1.30, do. 18-2, vr./za. 18-2.30 uur. New Yorkers houden van 'geheime' bars, ook al zullen ze dat niet heel lang blijven. Angel´s Share is goed verstopt in een Japans restaurant – achter een deur zonder aanwijzing. Wie het heeft gevonden kan zich verheugen op de beste cocktails van de stad. Het kan een goed idee zijn om u meteen te verzekeren van een plaats aan het grote raam.

Panacée aan de bar – Apothéke: ■ C 10, 9 Doyers St./Bowery St., tel. 1 212 406 04 00, subway: 6, J, M, N, Q, R, W, Z tot Canal St., ma.-za. 18.30-2, zo. 20-2 uur. Een slechte dag gehad? Uitgeput? Mixkoning Alan Trummer kent gegarandeerd een goed recept van verscheidene drankjes en kruiden zoals *Stress Reliever*, *Pain Killer* of *Aphrodisiac*. Uiteindelijk dreunt het hoofd zo dat alle zorgen zijn vergeten.

Revival van de Twenties – Flatiron Lounge: ■ C 7, 37 West 19th St. tussen Fifth en Sixth Ave., tel. 1 212 727 77 41, www.flatironlounge.com, F, N, R tot 23rd St., zo.-wo. 17-2, do.-za. 17-4 uur. Zin in een reisje door de tijd? Art-déco design, jazz en cocktails als *Beijing Pitch* (jasmijnwodka, witte perzikpuree) laten de jaren '20 weer opbloeien. De 10 m lange mahoniehouten bar stamt uit 'The Ballroom', waar Frank Sinatra vaak een nacht doorhaalde.

Concerten en opera

In Brooklyn – BAM Brooklyn Academy of Music: ■ kaart 4, D 3, 30 Lafayette Ave./Ashland Pl., www.bam.org, subway: D, M, N, R tot Atlantic Ave./Pacific St., 2, 3, 4, 5, B, Q tot Atlantic Ave. Okay, het BAM is in Brooklyn, een eindje weg van Manhattan. Maar de reis is de moeite waard. In het zeven verdiepingen tellende Beaux-Arts-Gebäude wordt opera, ballet en klassieke muziek aangeboden. Het BAM-Café is bekend door livemuziekconcerten.

Historisch podium – Carnegie Hall: ■ E 3, 154 West 57th St./Seventh Ave., www.carnegiehall.org, subway: F tot 57th St., N, Q, R, W tot 57th St., ca. $ 20 tot 220. Sinds Tsjaikovsky in 1891 persoonlijk het openingsconcert dirigeerde, geldt Carnegie Hall als een van de beroemdste concertzalen ter wereld.

Bioscoop

New Yorkers houden van hun reuzebioscopen met containertjes popcorn en literemmers cola – filmliefhebbers kunnen echter ook kleine filmhuizen vinden die klassiekers en Europese films vertonen. Kaartjes kosten meestal vanaf $ 12, voor 3D-blockbusters wordt nog een paar dollar extra gerekend.

In de hal van het **Angelica Film Center** (■ C 9) kunt u aardig koffie drinken voordat u een van de zes zalen ingaat waar doorgaans een pretentieus programma wordt afgedraaid (18 West Houston St., tel. 1 212 995 20 00, www.angelicafilmcenter.com).

Overwegend alternatieve films en documentaires worden gedraaid in het **IFC Center** (■ B 8) **op** Waverly Place (323 Sixth Avenue, tel. 1 212 924 77 71, www.ifccenter.com).

Het **Paris Theater** (■ kaart 2, E 4) heeft maar één zaal en die is met stoelen van rood velours en een balkon lekker pompeus. Er is geen reclame en de popcorn smaakt alsof die ter plekke wordt bereid (4 West 58th St., tel. 1 212 688 38 00, www.theparistheatre.com).

Het beroemdste arthouse van New York is het **Film Forum** (■ B 8, 209 West Houston St., tel. 1 212 727 81 12, www.filmforum.org). Thematische, interessante retrospectieven, cultklassiekers op eersteklas kopieën en bovenal de ontmoetingsplaats van de New Yorkse hardcore-cineasten. Woody Allen heeft aan deze zaal een hommage gebracht door er een scene uit zijn film 'Annie Hall' te draaien.

Amerikaanser dan de IMAX-3-D-Cinema **AMC Loews** (■ D/E 2) Lincoln Square, kan bijna niet. Hier is alles overgeproportioneerd: roltrappen, filmdoek, stoelen en prijzen (1998 Broadway/68th St., www.amcentertainment.com).

Filmkaartjes online bestellen: www.fandango.com oder www.moviefone.com.

Geslaagde modernisering – Lincoln-Center: ■ D 2, Columbus Ave./64th St., www.lincolncenter.org, subway: 1 tot 66th. Het nieuwe Lincoln Center is niet alleen cultureel maar nu ook architectonisch een uithangbord van New York. Sinds de ingrijpende modernisering door Diller Scofidio & Renfro kunt u op een grasdak zitten, op het plein flaneren en natuurlijk veel muziek, opera en ballet meemaken. Het complex omvat onder meer: de Alice Tully Hall, de Metropolitan Opera, het New York City Ballet, de New York City Opera en de New York Philharmonic.

De mooiste stemmen – Metropolitan Opera: ■ D 2, Columbus Ave./64th St., tel. 1 212 362 60 00, www.metoperafa mily.org, $ 25-300. Elke echte operadiva stond op deze bühne: van Maria Callas via Beverly Sills tot Anna Netrebko. De nieuwe general manager Peter Gelb, stelt het eertijds wat behoudende programma nu wat gevarieerder samen.

Klassieke dans – New York City Ballet: ■ D 2, Broadway/62nd St., Lincoln Center, www.nycballet.com, vanaf $ 20. Het programma reikt van de Notenkraker en het Zwanenmeer tot avant-gardistische producties. Tip: de matinees zijn het goedkoopst.

Opera voor het volk – New York City Opera: ■ D 2, Broadway/62nd St., Lincoln Center, tel. 1 212 870 55 70, www.nycopera.com, vanaf $ 20. De New York

City Opera stelt zich vastberaden populistisch op: zo goed als alle kunstenaars zijn Amerikaan, zo goed als alle uitvoeringen zijn in het Engels en zo goed als elke avond kost niet meer dan de helft van een kaartje bij de buren, de Met.

Gepassioneerde dirigenten – **New York Philharmonic:** ■ D 2, Broadway/62nd. St., Lincoln Center, www.nyphil.org, $ 20-100. De nieuwe muzikaal directeur Alan Gilbert laat een frisse wind waaien in het filharmonisch orkest.

Discotheken

Manicure en Martini – **Beauty Bar:** ■ D 8, 231 East 14th St./Second Ave., www.thebeautybar.com, subway: 4, 5, 6, L, N, Q, R, W tot 14th St./Union Sq., ma.-vr. 17-4, za./zo. 19-4 uur. Kappersstoelen, jaren '50-droogkappen en manicuretafeltjes: de danstent was vroeger een schoonheidssalon en is dat eigenlijk nog steeds. Dagelijks kunt u tot 23 uur uw handnagels laten doen terwijl u van een Martini nipt – beide voor $ 10. Daarna moet u de dansvloer op. Oldies en rock zijn hier in.

Dansen met vip's – **Cielo:** ■ B 7, 18 Little West Twelfth St./Ninth Ave., tel. 1 212 645 57 00, www.cieloclub.com, subway: A, C, E tot 14th St., ma./wo.-za. 22-4 uur. Wie het lukt voorbij het rode fluwelen gordijn te komen (en de stier van een portier), mag zich belangrijk gaan voelen. Hier danst het New Yorkse wereldje onder de grote discobol op de beats van Europese dj's. Een VIP-zone is er niet, wie binnen is doet mee met de sterren en fotomodellen.

Modellen en onsympathieke portiers – **Marquee:** ■ B 5, 289 Tenth Ave./26th St., tel. 1 646 473 02 02, www.marquee ny.com, subway: C, E tot 23rd St., di.-za. 23-4 uur. Voor wie geen probleem heeft met een botte portier: hup, in de rij. De Marquee staat bekend vanwege de lange rij en – als die eenmaal is overwonnen – de grote dichtheid aan 'mooie vrouwen'. Mannen alleen hoeven er niet eens aan te denken dat ze binnenkomen. Verder geldt: dof je op, kijk nonchalant en mekker niet als je een 'no' krijgt.

Uitgelaten feestvieren – **Santos Party House:** ■ B 10, 96 Lafayette St./Walker St., tel. 1 212 584 54 92, www.santospartyhouse.com, subway: 6, J, M, N, Q, R, W, Z tot Canal St., dag. 19-4 uur. Hier gaat alles in volle vaart. Andrew W. K., clubkid van de jaren 1990, zette met zijn eenvoudige partyconcept in korte tijd een van de momenteel tofste danstenten neer: 150.000 watt-systeem, spiegelende discobollen, twee verdiepingen, zwarte muren en vrolijke slogans als 'Thanks for partying!' – dat is precies wat de gasten doen.

Plezier op drie etages – **The Delancey:** ■ D 10, 168 Delancey St./Clinton St., www.thedelancey.com, subway: F tot Delancey St., dag. 17-4 uur. Hier kan men zich op drie etages uitleven – en dat allemaal zonder een nerveuze wachtrij voor de deur. Rock en disco op de hoofddansvloer, punkrock in de kelder en loungemuziek op het dakterras. In de zomer zijn daar barbecues.

Dansinstituut – **Webster Hall:** ■ D 8, 125 East Eleventh St./Third Ave, tel. 1 212 353 16 00, www.webster hall.com, subway: 4, 5, 6, L, N, Q, R, W tot 14th St./Union Sq., do.-za. 22-5 uur. De megaclub in de East Village met vijf dansvloeren, zes lounges en vier verdiepingen is een jonge legende; de Grand Ballroom geldt als 'moeder aller dansvloeren'. Al 20 jaar swingen hier de jongere dansmaniakken op hiphop, trance en electroswing de pan uit.

All that jazz – jam in de legendarische Blue Note

Homo en lesbisch

Gay-nightclub – Splash Bar: ■ C 7, 50 West 17th St./Sixth Ave., tel. 1 212 691 00 73, www.splashbar.com, subway: L tot Sixth Ave., 1 tot 18th St., dag. 14-4 uur. Bartenders met ontbloot bovenlijf, live-optredens, goede dj's en een bont gemengde scene maken van de Splash al jarenlang een hippe gayclub.

Vrouwencafé – Henrietta Hudson: ■ B 8, 438 Hudson St./Morton St., tel. 1 212 924 33 47, www.henriettahudson.com, subway: 1 tot Houston St., wo.-vr. 16-4, za./zo. 14-4, ma./di. 17-2 uur. De populairste lesbobar in de Village is niet te wild en niet te modern. Maar wel altijd behoorlijk bezocht.

Travestieten – Lucky Cheng's: ■ D 9, 24 First Ave. tussen First en Second St., tel. 1 212 995 55 00, www. planetlucky chengs.com, subway: F, V tot Lower East Side/Second Ave., ma.-do./zo. 17.30-2, vr./za. 17.30-4 uur. Eten en drinken worden door dragqueens geserveerd, na 20 uur treden de Asian Dragdolls op en dan is er ook nog karaoke – weinig reden tot verveling.

Livemuziek

Duur, maar goed – Blue Note: ■ B/C 8, 131 West Third St./MacDougal St., tel. 1 212 475 85 92, www.bluenote.net, subway: A, B, C, D, E, F, V tot West Fourth St., zo.-do. 18-1, vr./za. 18-3 uur, $ 10-80. Als er niet een eersteklas-jazzprogramma zou zijn dan zou je de Blue Note als afzetters kunnen beschouwen. Maar hier speelt het neusje van de zalm en dan moet de knip wijd open voor entree en drankjes. Vooraf sta je in de rij en als de laatste toon wegsterft word je naar de uitgang gedirigeerd.

Livemuziek met wijn – City Winery: ■ B 9, 155 Varick St./Vandam St., tel. 1 212 608 05 55, www.citywinery.com, subway: 1 tot Houston St., C, E tot Spring St., ma.-vr. 11.30-15 en 17-24, za.

17-24, zo. 11-14 en 17-24 uur, vanaf $ 10. De Knitting Factory trok naar Brooklyn, dijvende kracht Michael Dorf wilde echter in TribeCa voor livemuziek blijven zorgen. De Winery is lekker relaxed en heeft van alles op het repertoire, van akoestisch via klezmer tot aan rock en pop.

Avantgardescene – **Knitting Factory:**  H 10, 361 Metropolitan Ave./ Havemeyer St., tel. 1 347 529 66 96, www.knittingfactory.com, subway: L tot Bedford Ave., ma.-za. 17-4, zo. 12-4 uur, $ 4-30. Na jarenlang een instituut te zijn geweest in TribeCa, verhuisde de Knitting Factory in 2009 naar Williamsburg in Brooklyn. Het muziekaanbod is onveranderd breed, binnen de avantgardejazz dan.

Harlem-jazz – **Lenox Lounge:** kaart 3, B 2, 288 Lenox Ave./125th St., tel. 1 212 427 02 53, www.lenoxlounge. com, subway: 2, 3 tot 125th St., dag. 12-4 uur, vanaf $ 20. Vroeger zong Billie Holiday hier, nu komen de jonge muzikanten uit Harlem. De legendarische jazzclub ziet er nu, na de renovatie, waarschijnlijk beter uit dan ooit eerder in zijn lange geschiedenis.

Braziliaanse klanken – **S. O. B´s:** B 8, 200 Varick St./West Houston St., tel. 1 212 243 49 40, www.sobs.com, subway: 1 tot Houston St., ma.-do. (tijden variëren per show), vr. 17-4, za. 18.30-4, zo. 12-4 uur, $ 15-35. S. O. B´s staat voor Sounds of Brasil. Daarbij komen nog livemuziek uit Afrika, het Caraïbisch gebied en Midden-Amerika. De stemming raakt in de loop van de avond uitgelaten, op zijn Latijns-Amerikaans. Het is eigenlijk een restaurant – zodra de bands beginnen en iedereen danst moet je wel klaar zijn met eten.

Theater

Off-Broadway – **Blue Man Group:** C 8, Astor Place Theatre, 434 Lafayette St., tel. 1 212 254 43 70, www.blueman. com, subway: N, R, W tot Eighth St./ NYU, 6 tot Astor Pl., $ 68-78. De blauwe mannen werpen driftig met hun in verf ondergedompelde proefkonijnen. Perfect voor kinderen en zij die een gebrekkige kennis van het Engels hebben.

New York loopt hard – aan deze marathon nemen elk jaar meer dan 30.000 lopers deel

Evenementen in de openlucht

Het mooie weer in New Yorks maakt het mogelijk: het beste culturele aanbod is er in de openlucht – en vaak ook nog gratis.

Filmklassiekers – **Bryant Park Movie Nights:** ■ kaart 2, D 5, picknicken tussen de wolkenkrabbers en ondertussen naar 'Breakfast at Tiffany´s' kijken op een reuzedoek. De perfecte New York-zomerbeleving. Vanaf half juni (www.bryant park.org).

Concerten buiten – **Central Park Summerstage:** ■ F 2, concerten met internationale sterrenbezetting, de hele zomer door en grotendeels kosteloos. De serie begint half juni en duurt tot eind augustus (www.summerstage.org).

De museumbuurt – **Museum Mile Festival:** ■ G 1. Op de eerste dinsdag van juni vieren negen musea van 18 tot 21 uur op Fifth Ave. een feestje (www.muse ummilefestival.org).

New York Philharmonic – **Concerts in the Parks:** ■ F 1. Mozart, Bernstein en Tsjaikovsky onder de sterrenhemel: Veel romantischer kan New York niet zijn. Bij de openluchtconcerten van het filharmonisch orkest picknicken duizenden mensen in Central Park. En aan het einde wordt vaak nog een vuurwerk afgestoken (nyphil.org).

To be or not to be – **Shakespeare in the Park:** ■ E 2. Neem maar een slaapzak of een ligstoel mee – de rij voor de uitgifte van de gratis kaartjes vormt zich al in de nacht. Dat vindt plaats bij het New York Public Theater (Lafayette St.) en het Delacorte Theater in Central Park (www.publictheater.org).

Optocht der Ieren – **St. Patrick´s Day Parade:** ■ F 2. De grootste optocht van de stad. Op de Ierse nationale feestdag trekken 150.000 in het groen gestoken mensen over Fifth Avenue (www.saintpatricksdayparade.com).

Andere openluchtevenementen

Film met uitzicht – **Brooklyn Bridge Movies:** ■ C 12, www.brooklynbridgepark. org

Italië viert feest – **Feast of San Gennaro:** ■ C 10, www.littleitalynyc.com

Running – **New York City Marathon:** ■ kaart 4, B 5, www.ingnycmarathon.org

Danstheater – **Joyce:** ■ B/C 6, 175 Eighth Ave./19th St., tel. 1 212 242 08 00, www.joyce.org, subway: A, C, E tot 14th St., 1 tot 18th St., vanaf $ 20. Een privétheater waar de beste dansgroepen komen optreden – tegen normale prijzen.

Broadway – **Mamma Mia! Winter Garden:** ■ kaart 2, D 4, 1634 Broadway/50th St., tel. 1 212 239 62 00, www.mamma-mia.com, subway: 1 tot 50th St., $ 63-121. Hét feelgood-stuk op Broadway. Wie kan bij al die ABBA-liedjes rustig op zijn stoel blijven zitten?

Goddeloos variété – **The Box:** ■ C/D 9, 189 Chrystie St./Rivington St., tel. 1 212 982 93 01, www.theboxnyc. com, subway: F, V tot Second Ave., J, M, Z tot Bowery, di.-za. 23-4 uur. Het nieuwe project van Simon Hammerstein speelt met variété, burlesque en veel erotiek. Aan het einde van de voorstelling dansen de gasten veelal zelf op de tafels en op het New Orleans-achtige balkon. Reserveren noodzakelijk.

Toeristische woordenlijst

Algemeen

goedemorgen	good morning
goedemiddag	good afternoon
goedenavond	good evening
tot ziens	goodbye
pardon/excuseer	excuse me/sorry
hallo	hello
alstublieft (vragend)	please
graag gedaan	you're welcome
dank u wel	thank you
ja/nee	yes/no
wat zegt u?	pardon?
wanneer?	when?
hoe?	how?

Onderweg

halte	stop
bus	bus
auto	car
uitgang	exit
tankstation	petrol station
benzine	petrol
rechts	right
links	left
rechtdoor	straight ahead/- on
inlichtingen	information
telefoon	telephone
postkantoor	post office
station	railway station
vliegveld	airport
plattegrond	city map
alle richtingen	all directions
eenrichtingsverkeer	one-way street
ingang	entrance
open	open
gesloten	closed
kerk	church
museum	museum
strand	beach
brug	bridge
plein	place/square
autoweg	dual carriageway
snelweg	motorway

Tijd

3 uur	3 a.m.
15 uur	3 p.m.
uur	hour

dag/week	day/week
maand	month
jaar	year
vandaag	today
gisteren	yesterday
morgen	tomorrow
's morgens	in the morning
's middags	in the afternoon
's avonds	in the evening
vroeg	early
laat	late
maandag	Monday
dinsdag	Tuesday
woensdag	Wednesday
donderdag	Thursday
vrijdag	Friday
zaterdag	Saturday
zondag	Sunday
feestdag	public holiday
winter	winter
lente	spring
zomer	summer
herfst	autumn

Noodgevallen

help!	help!
politie	police
dokter	doctor
tandarts	dentist
apotheek	pharmacy
ziekenhuis	hospital
ongeluk	accident
pijn	pain
pech	breakdown
noodgeval	emergency

Overnachten

hotel	hotel
pension	guesthouse
eenpersoonskamer	single room
tweepersoonskamer	double room
met twee bedden	with twin beds
met/zonder badk.	with/without bathroom
met wc	ensuite
toilet	toilet
douche	shower
met ontbijt	with breakfast

halfpension	half board	bakker	bakery
bagage	luggage	slager	butchery
rekening	bill	levensmidelen	food
		drogist	chemist's
Winkelen		duur	expensive
winkel	shop	goedkoop	cheap
geld	money	maat	size
geldautomaat	cash machine	betalen	to pay

Getallen

1 one	9 nine	17 seventeen	60 sixty
2 two	10 ten	18 eighteen	70 seventy
3 three	11 eleven	19 nineteen	80 eighty
4 four	12 twelve	20 twenty	90 ninety
5 five	13 thirteen	21 twenty-one	100 one hundred
6 six	14 fourteen	30 thirty	150 one hundred and fifty
7 seven	15 fifteen	40 fourty	200 two hundred
8 eight	16 sixteen	50 fifty	1000 a thousand

Belangrijke zinnen

Algemeen
Ik begrijp het niet.   I do not understand.
Ik spreek geen Engels.   I do not speak English.
Ik heet ...   My name is ...
Hoe heet u/jij?   What's your name?
Hoe gaat het met u/je?   How are you?
Dank u, goed.   Thanks, fine.
Hoe laat is het?   What's the time?
Tot gauw (later).   See you soon (later).

Onderweg
Hoe kom ik naar ...?   How do I get to ...?
Pardon, waar is ...   Sorry, where is ...?
Kunt u mij ... laten zien?   Could you please show me ...?

Noodgeval
Kunt u mij helpen, alstublieft?   Could you please help me?
Ik heb een dokter nodig.   I need a doctor.
Het doet hier pijn.   It hurts here.

Overnachten
Hebt u een kamer vrij?   Do you have any vacancies?
Hoeveel kost een kamer per nacht?   How much is a room per night?
Ik heb een kamer gereserveerd.   I have booked a room.

Winkelen
Hoeveel kost ...?   How much is...?
Ik wil graag ...   I need ...
Wanneer gaat ... open/dicht?   When does ... open/close?

Culinaire woordenlijst

Bereidingswijze

baked	in de oven gebakken
broiled/grilled	gegrild
deep fried	gefrituurd
fried	in vet gebakken, vaak gepaneerd
hot	scherp
rare/medium rare	bijna rauw/medium
steamed	gestoomd
stuffed	gevuld
well done	doorbakken

Ontbijt

bacon	ontbijtspek
boiled egg	gekookt ei
cereals	graanvlokken
cooked breakfast	Engels ontbijt
eggs (sunny side up/over easy)	spiegeleieren (enkel/ dubbel gebakken)
jam	jam
marmalade	sinaasappeljam
scrambled eggs	roerei

Vis en zeebanket

bass	baars
clam chowder	mosselsoep
cod	kabeljauw
crab	krab
flounder	bot
haddock	schelvis
halibut	heilbot
gamba	garnaal
lobster	zeekreeft
mussel	mossel
oyster	oester
prawn	grote garnaal
salmon	zalm
scallop	jakobsschelp
shellfish	schaaldieren
shrimp	garnaal
sole	tong
swordfish	zwaardvis
trout	forel
tuna	tonijn

Vlees en gevogelte

bacon	ontbijtspek
beef	rund
chicken	kip
drumstick	kippenbout
duck	eend
ground beef	rundergehakt
ham	ham
meatloaf	gebraden gehakt in broodvorm
porc chop	varkenskotelet
prime rib	entrecôte
roast goose	gebraden gans
sausage	worstje
spare ribs	varkensribben met vlees
turkey	kalkoen
veal	kalf
venison	hert of ree
wild boar	wild zwijn

Groenten en bijgerechten

bean	boon
cabbage	kool
carrot	wortel
cauliflower	bloemkool
cucumber	komkommer
eggplant	aubergine
french fries	dunne patat
garlic	knoflook
lentil	linzen
lettuce	kropsla
mushroom	champignon
pepper	paprika
peas	erwten
potato	aardappel
hash browns	gebakken aardappels
squash/pumpkin	pompoen
sweet corn	mais
onion	ui
pickle	augurk

Fruit

apple	appel
apricot	abrikoos
blackberry	braam
cherry	kers
fig	vijg
grape	wijndruif
lemon	citroen
melon	honingmeloen

orange	sinaasappel	waffle	wafel
peach	perzik	whipped cream	slagroom
pear	peer		
pineapple	ananas	**Dranken**	
plum	pruim	beer (on tap/	bier (van het vat)
raspberry	framboos	draught)	
rhubarb	rabarber	brandy	cognac
strawberry	aardbei	coffee	koffie
		(decaffeinated/	(caffeïnevrij)
Kazen		decaf)	
cheddar	pittige kaas	lemonade	limonadegazeuse
cottage cheese	magere verse kaas	icecube	ijsklontje
goat's cheese	geitenkaas	iced tea	gekoelde thee
curd	kwark	juice	sap
		light beer	alcoholarm bier
Nagerechten en gebak		liquor	sterke drank
brownie	brownie	milk	melk
cinnamon roll	kaneelbroodje	mineral water	mineraalwater
french toast	wentelteefje	red/white wine	rode/witte wijn
maple sirup	esdoornsiroop	root beer	donkere frisdrank
pancake	pannenkoek	soda water	water met koolzuur
pastries	gebak	sparkling wine	mousserende wijn
sundae	ijsdessert in glas	tea	thee

In het restaurant

Ik wil graag een tafel reserveren.   I would like to book a table.
Wilt u wachten tot u een tafel krijgt toegewezen?   Please wait to be seated.
De kaart/wijnkaart alstublieft.   The menu/wine list, please.
De rekening alstublieft.   The bill, please.

ontbijt   breakfast
lunch   lunch
diner   dinner
voorgerecht   appetizer/starter
soep   soup
hoofdgerecht   main course (of: entree)
nagerecht   dessert
bijgerechten   side dishes
dagschotel   meal of the day
couvert   cover
mes   knife
vork   fork
lepel   spoon
glas   glass
fles   bottle
zout/peper   salt/pepper
suiker/zoetje   sugar/sweetener
ober m/v   waiter/waitress
fooi   tip
Waar is de wc?   Where are the toilets please?

Register

Register

Fotoverantwoording
Omslag: Taxi's en fietskoerier (Jochen Tack/Christoph & Friends, Essen)

DuMont Bildarchiv, Ostfildern: 15, 49, 88, 92, 100, 106, 111 (Sasse)
iStockphoto.com, Calgary (Kanada): 84 (De Leon); 30 (lillis photography);
85 (lisinski); 32 (sx70)
laif, Köln: 43 (Artz); 9 (Falke); 35, 36, 41, 61, 91, 97, 98 (Heeb); 13 (he-mis.fr/Frilet);
73 (Holubowicz); 28/29 (Kurz); 71 (Le Figaro Magazine); 52 (Linkel); 33 (REA/
Decout); 58 (Redux Pictures); 112 (Van Thine); 64 (Zuder)
LOOK, München: 76 (age fotostock); 86/87 (Dressler); 81 (Frei); 94 (Kreuzer)
Pollex, Rötting, Leipzig: 6/7, 46, 56
Spaniol, Jörg, New York: 67

Notities

Notities

Notities

Notities

Hulp gevraagd!
De informatie in deze reisgids is aan verandering onderhevig. Het kan dus wel
eens gebeuren dat u ter plaatse een andere situatie aantreft dan de auteur.
Is de tekst niet meer helemaal correct, laat ons dat dan even weten.
Ons adres is:
ANWB Media
Uitgeverij Reisboeken
Postbus 93200
2509 BA Den Haag
anwbmedia@anwb.nl

Productie: ANWB Media
Uitgever: Marlies Ellenbroek
Coördinatie: Els Andriesse
Tekst: Sebastian Moll
Vertaling, redactie en opmaak: Harry Schuring, Den Haag
Eindredactie: Geert Renting, Dieren
Stramien: Jan Brand, Diemen
Concept: DuMont Reiseverlag, Ostfildern
Grafisch ontwerp: Groschwitz/Blachnierek, Hamburg
Cartografie: DuMont Reiskartografie, Fürstenfeldbruck
© 2011 DuMont Reiseverlag, Ostfildern

© 2011 ANWB bv, Den Haag
Eerste druk
Gedrukt in Italië
ISBN 978-90-18-03154-1

Paklijst

Steuntje in de rug nodig bij het inpakken?
Door op de ANWB Extra Paklijst aan te vinken wat u mee wilt nemen,
gaat u goed voorbereid op reis.
Wij wensen u een prettige vakantie.

Documenten
- ☐ Paspoorten/identiteitsbewijs
- ☐ (Internationaal) rijbewijs
- ☐ ANWB lidmaatschapskaart
- ☐ Visum
- ☐ Vliegticket/instapkaart
- ☐ Kentekenbewijs auto/caravan
- ☐ Wegenwacht Europa Service
- ☐ Reserveringsbewijs
- ☐ Inentingsbewijs

Verzekeringen
- ☐ Reis- en/of annulerings-
  verzekeringspapieren
- ☐ Pas zorgverzekeraar
- ☐ Groene kaart auto/caravan
- ☐ Aanrijdingsformulier

Geld
- ☐ Bankpas
- ☐ Creditcard
- ☐ Pincodes
- ☐ Contant geld

Medisch
- ☐ Medicijnen + bijsluiters
- ☐ Medische kaart
- ☐ Verbanddoos
- ☐ Reserve bril/lenzen
- ☐ Norit
- ☐ Anticonceptie
- ☐ Reisziektetabletjes
- ☐ Anti-insectenmiddel

Persoonlijke verzorging
- ☐ Toiletgerei
- ☐ Nagelschaar
- ☐ Maandverband/tampons

- ☐ Scheergerei
- ☐ Föhn
- ☐ Handdoeken
- ☐ Zonnebrand

Persoonlijke uitrusting
- ☐ Zonnebril
- ☐ Paraplu
- ☐ Boeken/tijdschriften
- ☐ Spelletjes
- ☐ Mobiele telefoon
- ☐ Foto-/videocamera
- ☐ Dvd- en/of muziekspeler
- ☐ Koptelefoon
- ☐ Oplader elektrische apparaten
- ☐ Wereldstekker
- ☐ Reiswekker
- ☐ Batterijen

Kleding/schoeisel
- ☐ Zwemkleding
- ☐ Onderkleding
- ☐ Nachtkleding
- ☐ Sokken
- ☐ Regenkleding
- ☐ Jas
- ☐ Pet
- ☐ Schoenen
- ☐ Slippers

Onderweg
- ☐ Routekaart
- ☐ Navigatiesysteem
- ☐ Reisgids
- ☐ Taalgids
- ☐ Zakdoeken
- ☐ ANWB veiligheidspakket
- ☐ Schrijfgerei